AF536625

Heidrun Bernitt
Bruno Möhring

Rhein-Mosel-Verlag
Brandenburg 17, D-56856 Zell/Mosel
Tel. 06542/5151, Fax 06542/61158
www.rhein-mosel-verlag.de

ISBN 978-3-89801-379-6
Ausstattung: Stefanie Thur
Titel: Villa Breucker, Traben-Trarbach (Foto: Arne Houben)
Foto Rückseite: Gartenhaus der Villa Werner, Potsdam

Heidrun Bernitt

BRUNO MÖHRING

ARCHITEKT DES JUGENDSTILS

SPURENSUCHE

IN KÖNIGSBERG, TRABEN-TRARBACH, OBERHAUSEN, BERLIN, SCHREIBERHAU UND AN VIELEN ANDEREN ORTEN

RHEIN-MOSEL-VERLAG

INHALT

VORWORT

Viele Mosaiksteine waren nötig, damit am Ende dieses Buch entstehen konnte. In Diskussionen mit den Bürger:innen von Traben-Trarbach entwickelte sich die Idee, im Brückentor eine Dokumentationsstätte zu Bruno Möhrings Werk einzurichten. Aus der Fülle des zusammengetragenen Materials entstand die Ausstellung »Möhrings Architekturwelt im Brückentor zu Traben-Trarbach«. Die Recherche ging aber weiter, immer wieder tauchten neue Bauten und Details auf. Durch vielfältige Unterstützung ist ein Buch entstanden, das Einblick gibt in die facettenreiche Schaffenskraft des Architekten Bruno Möhring.

Bernkastel-Kues im Sommer 2021 Heidrun Bernitt

Danke an meine großen und kleinen Familienmitglieder.

Danke an alle, die mitgeholfen haben: Harald Bahr von Ehrenberg, Schönebeck • Manfried Bauer, Wald-Michelbach • Bausch-Stiftung, Neu Kaliß • Fritz Beisel, Wittlich • Barbara Bielinis-Kopec, Zielina Gora • Peter-Alexander Bösel, Berlin • Ulrich Bücholdt, Dortmund • Wolfgang Cullmann, Traben-Trarbach • Klaus Dettmer, Berlin • Christel Droste, Lübbecke • Horst Eckert, Bad Bevensen • Ulrike Eichhorn, Berlin • Tanja Ester-Ziegler, Berlin • Irina Fenov, Traben-Trarbach • Nadja Fröhlich, Pulheim • Matthias Ganter, Traben-Trarbach • Nils Georg, Traben-Trarbach • Dieter Gerecke, Traben-Trarbach • Hermann Gerhardt, Wittlich • Claudia Gerner-Beuerle, Mainz • Lorenz Grimoni, Duisburg • Grzegorz Grajewski, Breslau • Sandra Großstück, Berlin • Helmut Grünewald, Berlin • Roland Günter, Oberhausen • Sebastian Gulden, Nürnberg • Lisa Hampel, Duisburg • Marcus Heintel, Traben-Trarbach • Mathias Hille, Schönebeck • Manfred Höhne, Bad Saarow • R. Jesse, Duisburg • Dagmar Kassner-Dingerdissen, Reil • Manfried Kleinert, Niestetal • Marina Kornfeld, Saarburg • Christof Krieger, Traben-Trarbach • Sebastian Krötzsch, Leipzig • Klaus Kynast, Neuenrade • Patrice Langer, Traben-Trarbach • Gerhard Lettl, Traben-Trarbach • Carolin Matthey, Bitterfeld • Andreas Metz, Traben-Trarbach • Sandra Meurer, Bernkastel-Kues • M. Meyer, Lauchhammer • Jochen Niedersberg, Traben-Trarbach • Christine Onnen, Potsdam • Ralf Otte, Bad Harzburg • Rainer Paetau, Michendorf • Sabine Pauligk, Ludwigslust • Godwin T. Petermann, Berlin • Steven Pick, Bitterfeld • Susanne Pohler, Eisenach • Rosemarie Porada, Berlin • René Richtscheid, Wittlich • Reinhard Roberts, Burg/Mosel • Birthe Rüdiger, Halle • Michael Schardt, Mainz • Andres von Scheven, Oberhausen • Ursula Schimper, Bernkastel-Kues • Margrit Schlegel, Mülheim/Ruhr • Luzia Schlösser, Linnich • Anja Schmidt, München • Hans Schneiß, Irmenach • Frank Schober, Serrig • Mathias Schulenburg, Detmold • Stefanie Schultze, Brandenburg • Frank Schütz, Berlin • Uli & Lilo Snell, Traben-Trarbach • Rüdiger Spier, Mosbach • Kai-Michael Sprenger, Mainz • Peter Storck, Traben-Trarbach • Brigitte Stramm, St. Michaelisdonn • Rolf & Gudrun Streubel, Lemgo • Beate Störtkuhl, Oldenburg • Bärbel Sunderbrink, Detmold • Peter C. Theis, Berlin • Stefanie Thur, Briedel • Uta Troyke, Nürnberg • Niklas Underwood, Mainz • Lydia Unger, Traben-Trarbach • Sunniva Vohland, Köln • Uwe Welz, Kaiserslautern • Ingo Wiedenbrück, Oberhausen • Angelika Wójtowicz, Zielina Gora • Tilman Ziegler, Friedland • Edward Zys, Zary

In memoriam Manfred Bernitt – Jack Collins – Ines Wagemann

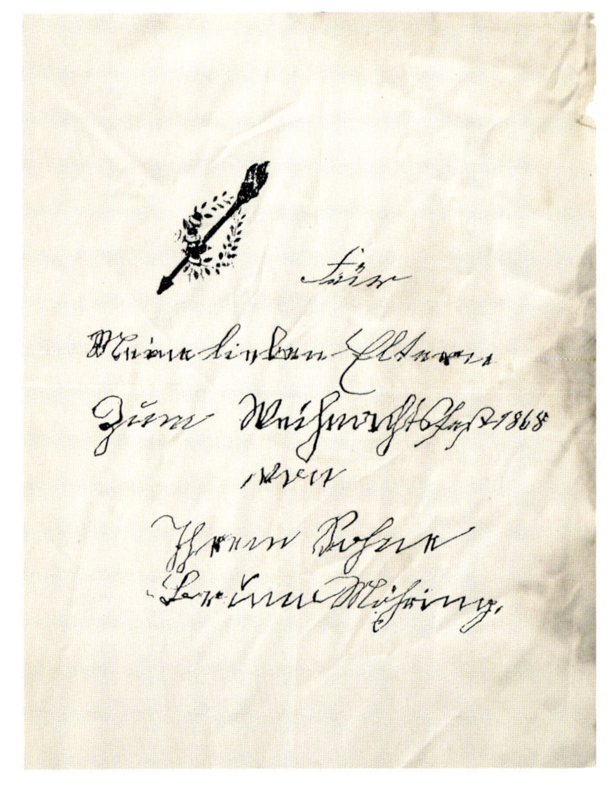

Für
Meine lieben Eltern
zum Weihnachtsfest 1868
von
Ihrem Sohn
Bruno Möhring.

Für meine lieben Eltern
zum Weihnachtsfest 1868
von Ihrem Sohn Bruno Möhring

VITA

VITA

Seite 8: Bruno Möhring: Brief an seine Eltern 1868 | Seite 9: Bruno Möhring, Foto 1910

BRUNO MÖHRING

Karl Bruno Möhring wurde am 11. Dezember 1863 in Königsberg (Ostpreußen) geboren. Er wuchs in Königsberg auf und besuchte das Gymnasium bis zum Abitur.

Nach einem Praktikum bei einem Maurermeister in Königsberg wechselte er nach Berlin an die 1879 gegründete Technische Hochschule Charlottenburg, um Architektur zu studieren. An der Hochschule lehrte Johann Eduard Jacobsthal (1839–1902), dessen Architekturvorlesungen Möhring besuchte. Jacobsthal war ein Schüler von Karl Bötticher (1806–1889), der schon Mitte des 19. Jahrhunderts die Ansicht vertrat, der Ingenieurbau müsse in die Architektur aufgenommen werden. So widmete sich Jacobsthal den neuen Bauaufgaben des Ingenieurbaus, er entwarf zum Beispiel die Bahnhöfe Alexanderplatz und Bellevue für die Berliner Stadtbahn, und orientierte sich dazu an dem französischen Gotik-Spezialisten Eugène Emmanuel Viollet-le-Duc (1814–1879).

Bruno Möhring: Interieur, 1889

Auch Möhring suchte nach einer materialgerechten wie künstlerisch gestalteten Fusion von Stein und Eisen.

Von 1888 bis 1890 war Möhring Mitarbeiter im Schlossbaubüro in Charlottenburg und wirkte an zahlreichen Umbaumaßnahmen mit. Hier entwickelte er seinen Sinn für repräsentative Kunst, die Freude an edlem Material und an vollendeter handwerklicher Ausführung.

Nach einer Studienreise durch Italien machte Möhring sich 1895 selbständig und sein erster Bau war das Haus in der Ernststraße in Berlin.

Danach bekam er Gelegenheit für die Gestaltung großer Ingenieursbauten. Die Rheinbrücke in Bonn (1896), die Moselbrücke in Traben-Trarbach (1898) und die Zeche Zollern II/IV in Dortmund (1902) waren Werke, die in jener Zeit etwas ganz Neues darstellten: die architektonische Überformung oder Dekoration von Eisenkonstruktionen. Dies zeigte sich dann auch bei seinen Ausstellungsbauten in Paris (1900), Turin (1902), Düsseldorf (1902), St. Louis (1904) und Buenos Aires (1910). Möhrings Arbeit vor Ort zeichnete sich durch organisatorisch und künstlerisch vorbildliche Art aus und reichte vom Entwurf einzelner Räume bis zur Gesamtleitung des künstlerischen Aufbaus.

Bruno Möhring: Straßenecke in Pompeji, o.J.

Zu diesen Ausstellungen wurde Möhring von einer Gruppe von Künstlern und Handwerkern begleitet, mit denen er auch bei seinen anderen Bauten zusammenarbeitete. Architektur und Innendekoration hatten die gleiche Bedeutung. Das veranschaulichen auch die Bauten in Traben und Trarbach zwischen 1898 und 1906, das Haus in Brandenburg (1901) und sein eigenes Haus in Berlin-Marienfelde (1904).

Auch auf dem Gebiet des Städtebaus hat Möhring große Erfolge errungen. Mit Richard Petersen (1865–1946) und Rudolph Eberstadt (1856–1922) gewann er im Wettbewerb »Groß-Berlin« den zweiten Preis. Weitere Preise erhielt er bei den städtebaulichen Wettbewerben Schöneberger Südgelände (1910), Frankfurter Wiesen in Leipzig (1911) und Groß-Düsseldorf (1912). Dazu gehören außerdem die Siedlungen für die Gutehoffnungshütte in Oberhausen (1910–1923) und die Grundhof Siedlung in Lauchhammer (1918).

Möhring war einer der Hauptvertreter des deutschen Jugendstils. In den 20er Jahren ging seine Bautätigkeit stark zurück – Grund war die Wirtschaftskrise – und er widmete sich theoretischen Aufgaben der Architektur.

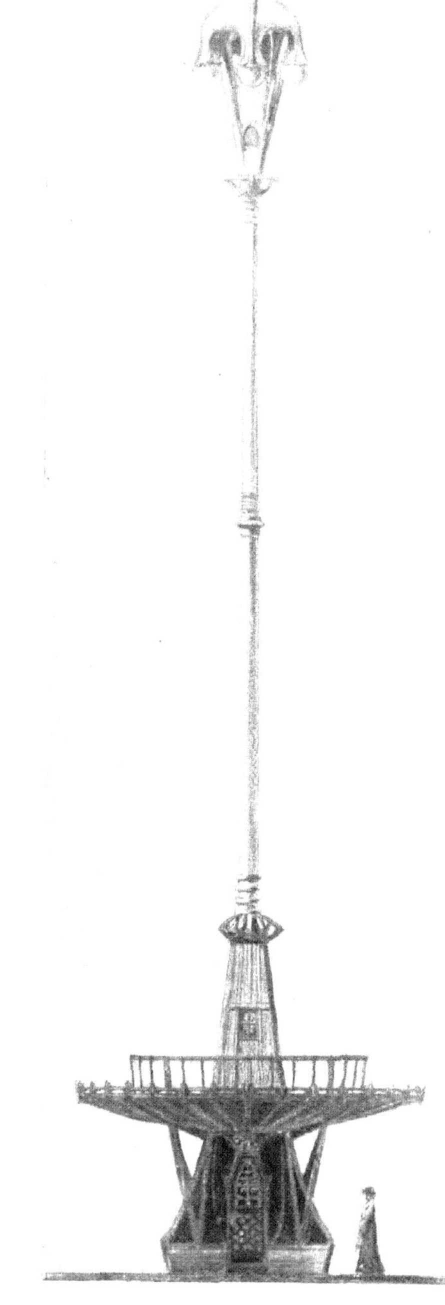

Wettbewerb »Mehr Licht« 1902
Bruno Möhring: Entwurf für eine Bogenlampe

Privates

Möhrings Eltern waren der Prokurist Karl Theodor Möhring (1835–1918) und dessen Frau Maria Dorothea (1839–1921), geb. Kretschmann. Sie heirateten 1863 in der Löbenichtschen Kirche in Königsberg, in der auch Bruno Möhring am 2. Februar 1864 getauft wurde. Er hatte noch einen jüngeren Bruder Carl, der 1923 verstarb. Die Familie lebte in der Kopernikus Straße 11 in Königsberg.

Am 30. März 1895 heirate Möhring Anna Burghardt (1866–1939) in Halle, dem Geburtsort der Braut.

Das Paar hatte drei Söhne:

Rudolf (1897–1945), Bruno (1899–1918) und Hans Joachim (1902–1907).

Bruno Möhring starb am 25. März 1929 in seinem Haus in Berlin-Marienfelde.

»Mit Bruno Möhring ist eine der markantesten Erscheinungen aus der älteren deutschen Architektengeneration dahingegangen. Möhring hat einen sehr raschen Aufstieg gehabt, den er seiner schöpferischen Phantasie so gut wie seinem eisernen Fleiß verdankte.«

Walter Lehwess 1929

oben: Anna Möhring, geb. Burghardt 1905
unten: Anna Möhring mit Rudolf und Bruno

BERLIN-MARIENFELDE, GRABMAL FAMILIE MÖHRING 1929

Entwurf: Architekt Bruno Möhring

An der Südseite des Marienfelder Friedhofs befindet sich das Gartendenkmal der Familie Möhring. Der Entwurf für das Grabmal entstand kurz nach dem Tod des Sohnes Hans Joachim 1907. Sohn Bruno fiel 1918 im Ersten Weltkrieg, er ist auf dem Kriegerdenkmal des gleichen Friedhofs verewigt.

Auf dem Grabstein werden auch Möhrings Eltern Karl Theodor Möhring (1835–1918) und Maria Dorothea Möhring geb. Kretschmann (1839–1921) genannt. Es ist nicht bekannt, ob sie im ursprünglichen Familiengrab beigesetzt waren.

MÖHRINGS WERKE IN CHRONOLOGISCHER REIHENFOLGE

Berlin-Baumschulenweg, Ernststraße 5

Berlin-Schöneberg, Pallasstraße 8–12

Traben, Schwanenstraße 1

1894 1895 1896 1897 1898

Brücke über den Rhein zwischen Bonn und Beuel

Seite 42

Berlin Gewerbeausstellung

Seite 27

Brücke über die Mosel zwischen Trarbach und Traben

Seite 45

Wuppertal, Schwebebahn Bahnhof Döppersberg

Seite 64

Traben,
Marktplatz 6

Seite 75
Brandenburg
Haus Lehmann

Seite 54
Berlin-Gesundbrunnen
Swinemünder Brücke

Seite 68
Dortmund,
Zeche Zollern II/IV
Maschinenhalle

Seite 127
Traben,
Hotel Clauss Feist

1899 — 1900 — 1901 — 1902 — 1903

Berlin-Schöneberg
Hochbahn Bahnhof
Bülowstraße
Seite 66

Paris,
Weltausstellung
Seite28

Duisburg,
Aakerfährbrücke
Seite 52

Düsseldorf, Rheinisch-
Westfälische
Industrieausstellung
Seite 31

Turin, Internationale
Ausstellung für
dekorative Kunst
Seite 30

Seite 78
Traben,
Villa Huesgen

Seite 82
Berlin-Marienfelde,
Haus Möhring

Seite 89
Traben,
Villa Breucker

Seite 131
Mildenau,
Gut Mildenau

Seite 88
Schreiberhau,
Villa Koeppen

1904

1905

St. Louis,
Weltausstellung
Seite 34

Potsdam,
Villa Werner
Seite 86

Eifel, Jagdhaus Seith
(Entwurf)
Seite 88

Traben, Grabmal
Oskar Haussmann

Lösnich,
Winzervilla Jacoby
Seite 93

Seite 137

Trarbach,
Kur- und Logierhaus
Wildstein und Felsenquelle

Berlin-Nikolassee
Teutonenstraße 20

Seite 139

Berlin-Steglitz,
Rheineck-Apotheke

Sankt Petersburg,
Kunstgewerbeausstellung

Großhansdorf
Villa Carl Möhring

1906 — 1907 — 1908 — 19

Trarbach,
Kellerei Julius Kayser
Seite 132

Dresden,
Kunstgewerbe-
ausstellung

Berlin,
Große Kunstausstellung
Seite 35

Striegau,
Präparanden-Anstalt
Seite 138

Berlin, Deutsche
Schiffbauausstellung
Seite 36

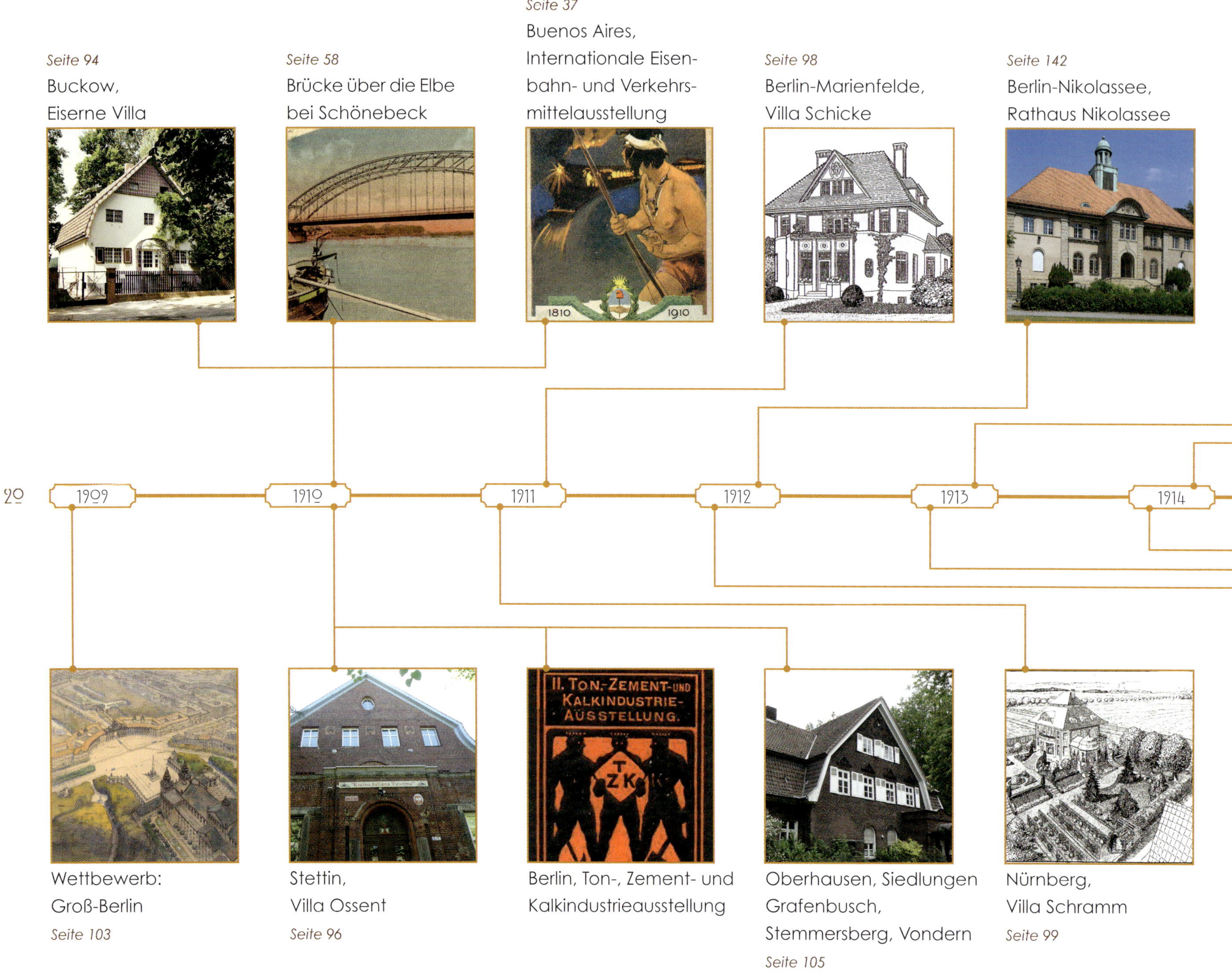
20
Seite 94
Buckow,
Eiserne Villa
Seite 58
Brücke über die Elbe
bei Schönebeck
Seite 37
Buenos Aires,
Internationale Eisen-
bahn- und Verkehrs-
mittelausstellung
1810
1910
Seite 98
Berlin-Marienfelde,
Villa Schicke
Seite 142
Berlin-Nikolassee,
Rathaus Nikolassee
1909
1910
1911
1912
1913
1914
Wettbewerb:
Groß-Berlin
Seite 103
Stettin,
Villa Ossent
Seite 96
II. TON-ZEMENT- UND
KALKINDUSTRIE-
AUSSTELLUNG.
TZK
Berlin, Ton-, Zement- und
Kalkindustrieausstellung
Oberhausen, Siedlungen
Grafenbusch,
Stemmersberg, Vondern
Seite 105
Nürnberg,
Villa Schramm
Seite 99

Seite 145
Burg (Spreewald), Bismarckturm

Seite 147
Wettbewerb: Deutsche Botschaft Washington

Berlin-Lichterfelde, Haus Burchardt

Seite 148
Möwenort, Gasthaus Lappöhn

Seite 149
Trarbach, Kriegerdenkmal (Entwurf)

1915 — 1916 — 1917 — 1918 — 1919 — 1920

Berlin-Tempelhof, Dreibundstraße (Dudenstraße 9)
Seite 116

Berlin-Moabit, Gerickesteg
Seite 62

Berlin-Marienfelde, Haus Schippert

Lauchhammer, Grundhof Siedlung
Seite 119

Berlin, Dorfkirche Marienfelde

Berlin, Kemperplatz (Entwurf)

Berlin-Lichterfelde, Paulinenstraße 14

Berlin-Lichterfelde, Ostpreussendamm 153

Seite 159

Berlin, Friedhofskapelle Marienfelde

Seite 152

Neu-Bentschen, Wasserturm

1921 | 1922 | 1923 | 1924 | 1925 | 1926 | 1927 | 1928

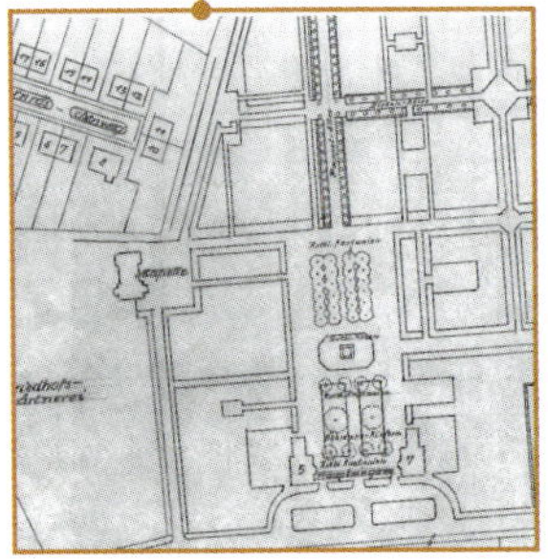

Bitterfeld, Neuer Friedhof

Seite 157

Berlin-Weissensee Gartenstraße 30–34

Berlin-Lichterfelde, Gemeindehaus Giesensdorf

Seite 159

Berlin-Neukölln, Sonnenallee 191–199

Berlin-Wedding, Ostender Straße 13–24

Seite 15

Berlin-Marienfelde,
Grabmal Möhring

1929

EX LIBRIS

BRVNO · MÖHRING ·

Kurt Leyde

*Kurt Leyde (1881–1941):
Exlibris Bruno Möhring,
Radierung, 1915*

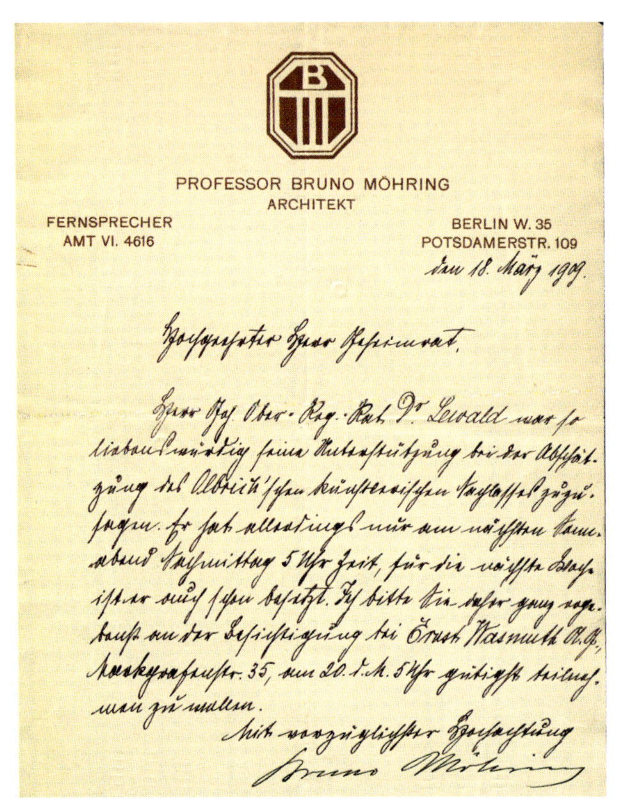
PROFESSOR BRUNO MÖHRING
ARCHITEKT

FERNSPRECHER
AMT VI. 4616

BERLIN W. 35
POTSDAMERSTR. 109

den 18. März 1909

Hochgeehrter Herr Geheimrat,

Herr Ober-Reg.-Rat Dr. Lewald war so liebenswürdig seine Unterstützung bei der Abschätzung des Olbrich'schen künstlerischen Nachlasses zuzusagen. Er hat allerdings nur am nächsten Sonnabend Nachmittag 5 Uhr Zeit, für die nächste Woche ist er auch schon besetzt. Ich bitte Sie daher ganz ergebenst an der Besichtigung bei Ernst Wasmuth A.G., Markgrafenstr. 35, am 20. d. M. 5 Uhr gütigst teilnehmen zu wollen.

Mit vorzüglichster Hochachtung

Bruno Möhring

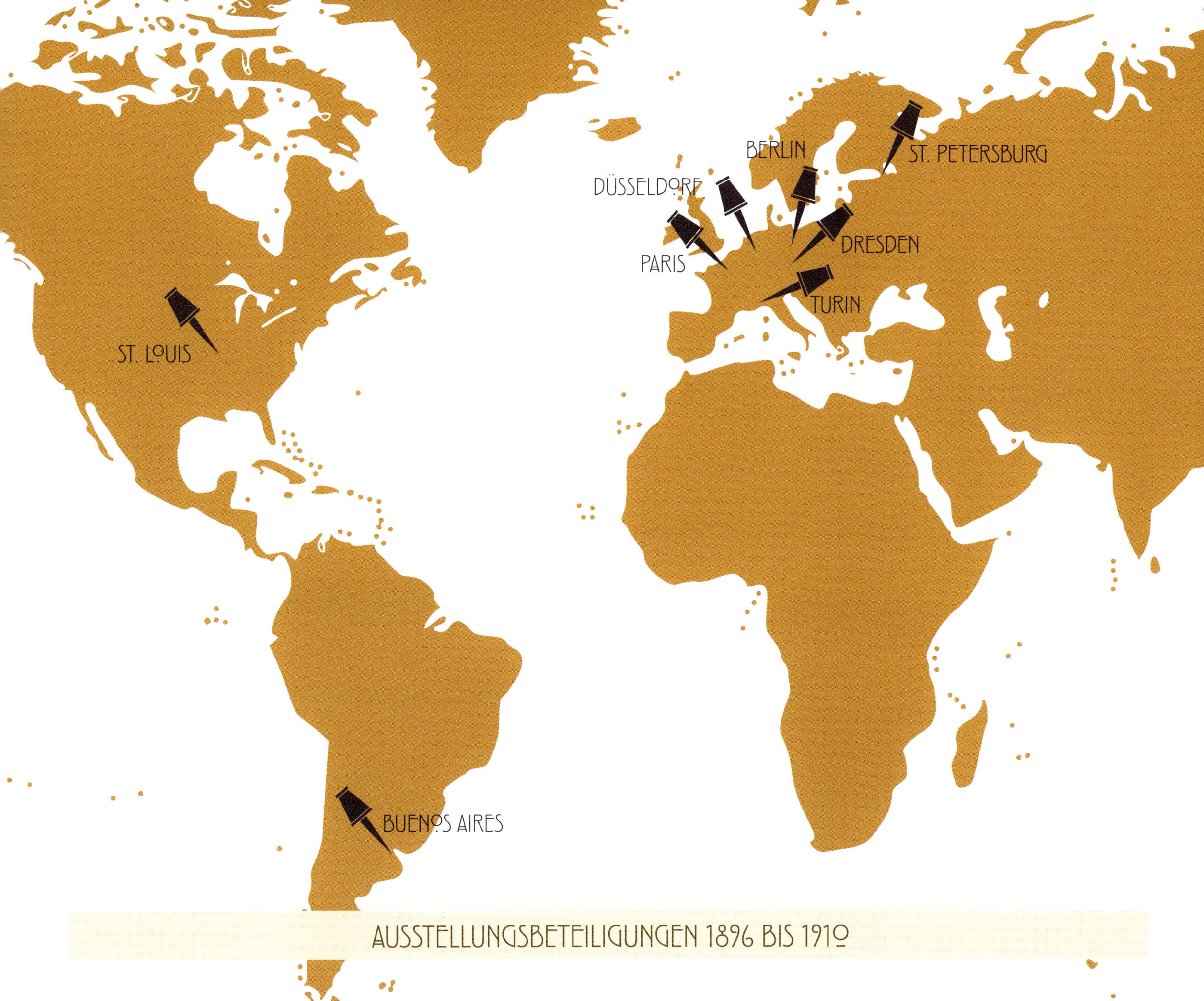

AUSSTELLUNGSBETEILIGUNGEN 1896 BIS 1910

AUSSTELLUNGSBETEILIGUNGEN

Seite 24: Bruno Möhring an Hermann Muthesius, 18. März 1909

BERLIN-TREPTOW, GEWERBEAUSSTELLUNG 1. MAI – 15. OKTOBER 1896

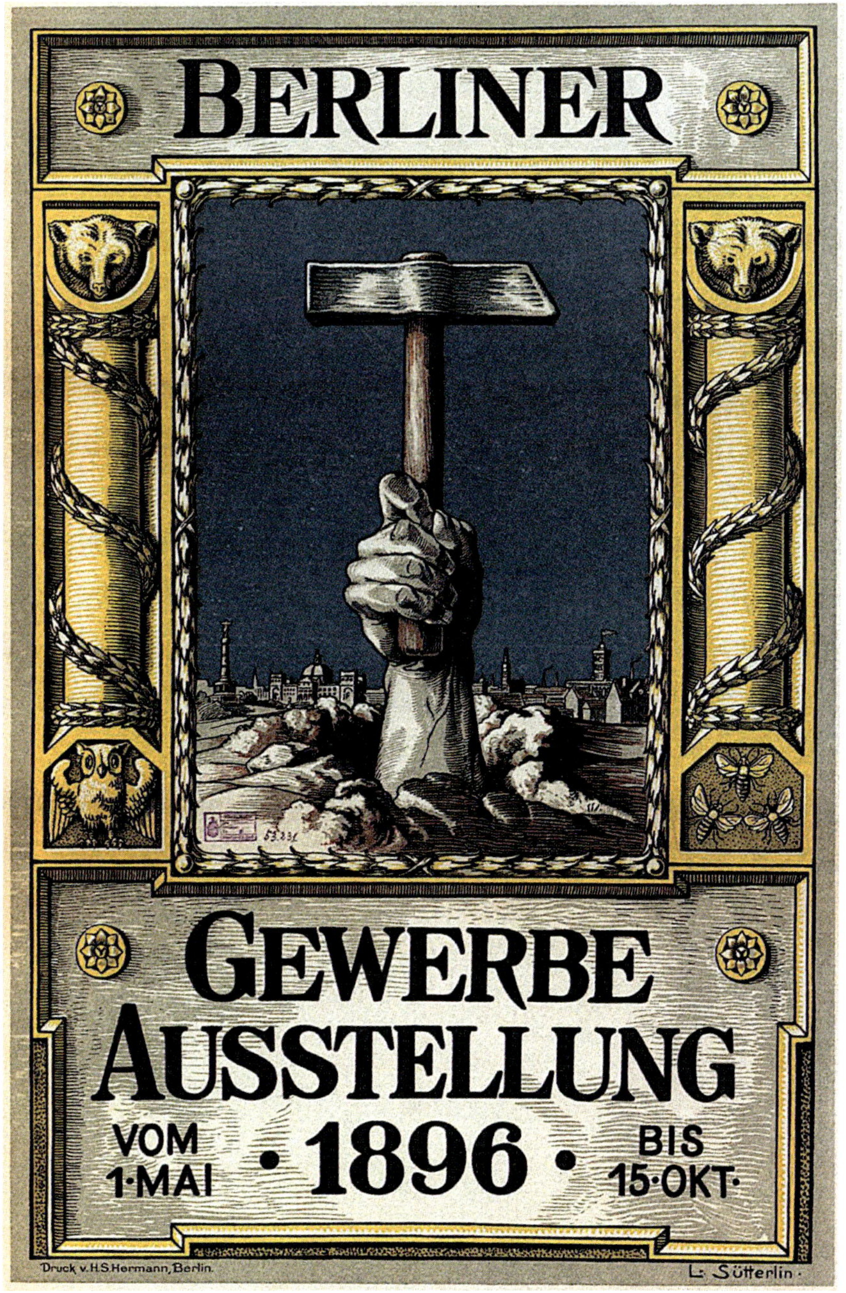
BERLINER
GEWERBE
AUSSTELLUNG
VOM 1·MAI
·1896·
BIS 15·OKT·
Druck v. H.S. Hermann, Berlin.
L. Sütterlin

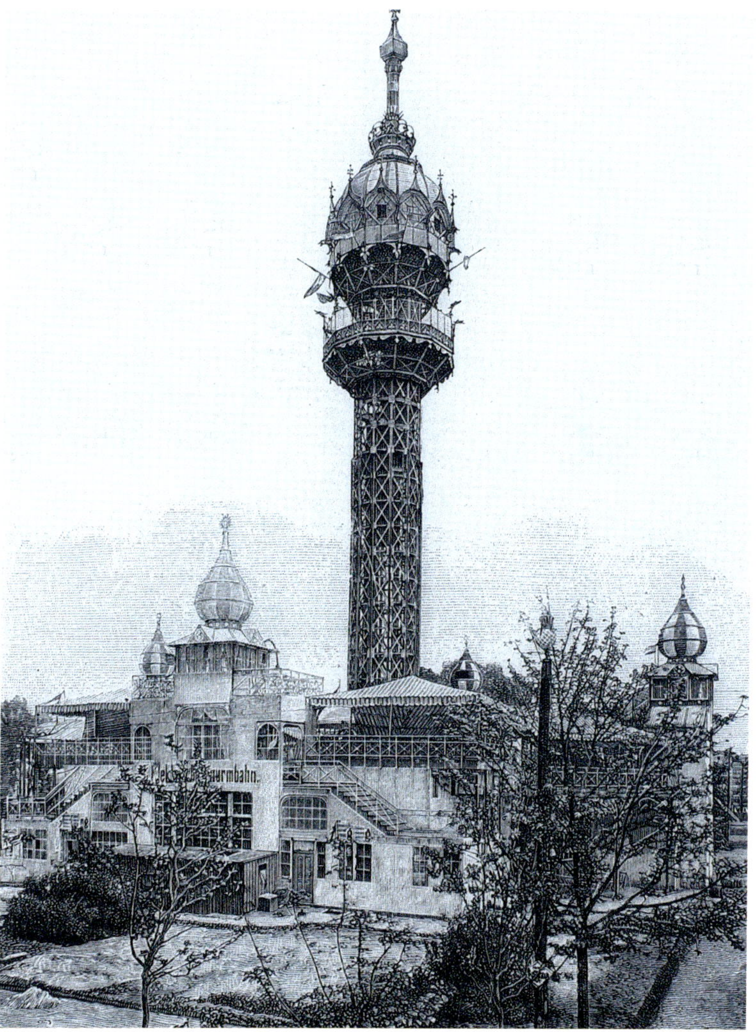

Die elektrische Turmbahn wurde nach Entwürfen von Bruno Möhring gebaut. Der Aufzug beschrieb eine aufsteigende Schraubenlinie, während er zu einer Höhe von 60 m auffuhr.

Nach Möhrings Entwürfen entstanden auch das »Weberhaus« und der Pavillon für das »Prachtwerk Berlin«.

PARIS, WELTAUSSTELLUNG 15. APRIL – 12. NOVEMBER 1900, DEUTSCHES HAUS

Wandgestaltung im Moselstübchen

Das Weinrestaurant im Deutschen Haus: Mit der Gesamtgestaltung und der künstlerischen Ausstattung wurde Möhring vom Hotelier und Weinhändler Peter Kons, Berlin, betraut. Der große Speisesaal hat vom Architekten eine besonders farbenprächtige Ausstattung erhalten. Die Wandgemälde stammten von Albert Maennchen und die Beleuchtungskörper entwarf Arno Körnig.

PARIS, WELTAUSSTELLUNG 15. APRIL – 12. NOVEMBER 1900, HEUTE MAINZ, KUPFERBERGTERRASSEN

Einige Teile des Weinrestaurants aus dem Deutschen Haus der Pariser Weltausstellung befinden sich heute im Traubensaal der Kupferberg Terrassen in Mainz.

TURIN, INTERNATIONALE AUSSTELLUNG FÜR MODERNE DEKORATIVE KUNST, 10. MAI – 10. NOVEMBER 1902

Bruno Möhring: Sala Berlinese

Fünf Räume hat Möhring in Turin gestaltet, wobei der Schwerpunkt nicht auf dem Raum, sondern beim Blickwinkel des Betrachters lag.

Albert Maennchen und Walter Lestikow waren für die Wandmalereien zuständig, Georg August Gaul fertigte die Löwin und Fia Wille die Stickereien. Die Tischlerarbeiten übernahm W. Kümmel und die Beleuchtung fertigte Arno Körnig.

DÜSSELDORF, RHEINISCH-WESTFÄLISCHE INDUSTRIE- UND GEWERBEAUSSTELLUNG & NATIONALE KUNSTAUSSTELLUNG, 1. MAI – 20. OKTOBER 1902

Für die Halle der Gutehoffnungshütte Sterkrade und der Gasmotorenfabrik Deutz arbeitete Möhring mit dem Ingenieur Prof. Reinhold Krohn (GHH) zusammen. Im Innern der Halle sah man den künstlerischen Einfluss des Architekten: Die Eisenkonstruktion war in Weiß gehalten, die Decke hellgrün und die kräftigen Farben der Glasfenster in der Rückwand des Mittelschiffs vermittelten einen freundlichen Eindruck. Mit der Innengestaltung der Halle hatte die Gutehoffnungshütte einen fortschrittlichen Beitrag auf dem Gebiet der Eisenarchitektur geleistet.

DÜSSELDORF, RHEINISCH-WESTFÄLISCHE INDUSTRIE- UND GEWERBEAUSSTELLUNG
HEUTE: MEXICO CITY (MEX), MUSEO DEL CHOPO

Nach Beendigung der Ausstellung wurde der größere Teil der Halle von einem mexikanischen Unternehmen erworben, demontiert und nach Mexiko verschifft.

Ab 1909 diente der Bau als Naturkundemuseum. Nach umfangreichen Renovierungen und Umbauten ist das Gebäude heute ein Teil der Universität als Ausstellungsgebäude für experimentelle Kunst.

DÜSSELDORF, RHEINISCH-WESTFÄLISCHE INDUSTRIE- UND GEWERBEAUSSTELLUNG
HEUTE: KÖLN-MÜHLHEIM, MÖHRING QUARTIER

Der kleinere Teil der Ausstellungshalle steht auf dem Gelände der Deutz Werke in Köln-Mülheim.

»Die Möhring-Halle, die derzeit von drei Seiten angebaut ist, ist, soll freigestellt werden. Damit erhält die Möhring-Halle eine besondere städtebauliche Würdigung, die sich für das neue Quartier identitätsstiftend auswirkt.«

Stadt Köln, 2016

ST. LOUIS (USA), INTERNATIONALE WELTAUSSTELLUNG, 30. APRIL – 1. DEZEMBER 1904

Der Ehrenhof des Deutschen Reiches war ein viel beachteter Mittelpunkt auf der Weltausstellung. Von konventionellen Bauten hatte Möhring vollständig abgesehen und neue einzigartige Dekorationsformen geschaffen. Beteiligt waren John Martens, Philipp Felde, Otto Rahlenbeck (alle Büro Möhring), die Stuckfabrik Albert Lauermann (Detmold), die Künstler Richard Guhr und Albert Maennchen (Malerei) und die Bildhauer Georg August Gaul und Otto Stichling.

Stuckelement

BERLIN, GROSSE KUNSTAUSSTELLUNG 27. APRIL – 29. SEPTEMBER 1907

Diesen Oberlichtsaal hatte Möhring für die Ausstellung umgestaltet. An der Ausstellung nahm er selbst mit einem Aquarell der Villa Werner teil.

»Der Schiffsbauer ist eben doch dem Eisenhalleningenieur noch sehr überlegen und die Frage vollkommen ästhetischer Ausstellungsbauten noch eine Zukunft. Immerhin lassen die trefflich gelungenen Versuche Bruno Möhrings, aus den einmal gegebenen Räumen noch möglichst viel Wirkung herauszuholen und damit das Empfinden für die zu lösenden Aufgaben zu wecken, die Hoffnung schwellen, dass diese Zukunft keine allzu ferne zu sein braucht.«

Hans Schliepmann 1908

Bruno Möhring arbeitete bei dieser Ausstellung mit den Bildhauern Georg Roch, Walther Schmarje, Wilhelm Haverkamp und Robert Schirmer zusammen.

Pylone der Apsis

BUENOS AIRES (RA), INTERNATIONALE EISENBAHN- & VERKEHRSMITTELAUSSTELLUNG MAI – NOVEMBER 1910

Berliner Architekturwelt 14.1912:

»Bei den Ausstellungsbauten in Buenos Aires zeigte sich Möhring von einer neuen Seite. Hier galt es, des Deutschen Reiches Macht und Größe dem Auslande vor Augen zu führen. Heiter und mit selbstbewusster Festigkeit stand der deutsche Kuppelbau da, dessen Scheinwerfer über das weite Ausstellungsfeld seine Strahlen sandten.«

Möhring hatte die künstlerische Leitung der deutschen Abteilung und arbeitete mit Georg Roch, Richard Boehland, Wilhelm Haverkamp, Adolph Eckhardt und der Firma Philipp Holzmann, Frankfurt/Main zusammen.

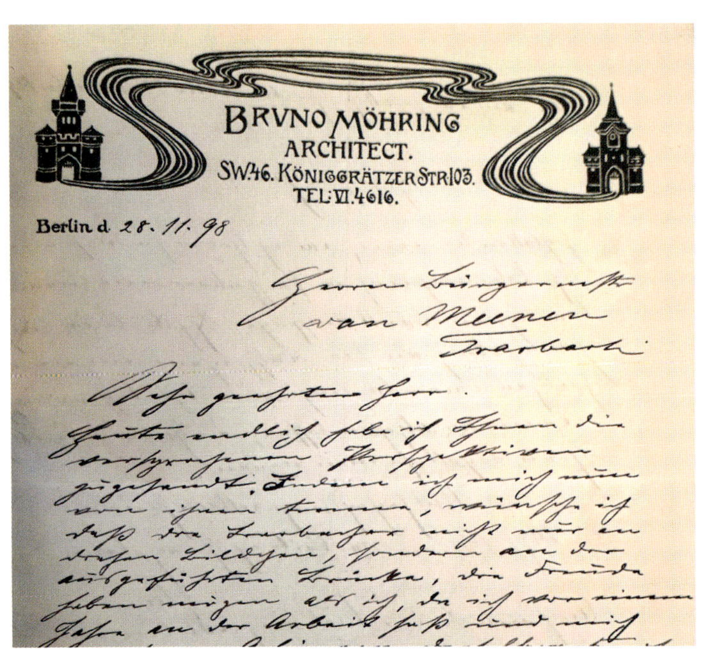

BRVNO MÖHRING
ARCHITECT.
SW.46. KÖNIGGRÄTZER STR. 103.
TEL: VI. 4616.

Berlin d. 28. 11. 98

Herrn Bürgermeister
van Meenen
Trarbach

Sehr geehrter Herr.

Berlin, den 28.11.98

Sehr geehrter Herr van Meenen.

Anbei sende ich Ihnen die verlangte Quittung. Ich war viel verreist und bin wieder auf dem Sprunge zu reisen, daher haben Sie so lange nichts von mir gehört …

INGENIEURBAUTEN

INGENIEURBAUTEN

BRÜCKEN

BAHNHÖFE

MASCHINENHALLE

Seite 38: Bruno Möhring an Herrn van Meenen 28.11.98 | Seite 39: Detail der Swinemünder Brücke, Berlin

DIE BRÜCKENBAUABTEILUNG DER GUTEHOFFNUNGSHÜTTE

Die Brückenbauabteilung wurde im Jahre 1863 gegründet. Sie trat bald mit den übrigen deutschen Brückenbauanstalten in erfolgreichen Wettbewerb und umfasste um 1890 Werkstätten, die eine Fläche von 20 000 qm überdachten.

Unter den Werkstattgebäuden ist die im Jahre 1893 erbaute dreischiffige Haupthalle von 225 m Länge und 48 m Breite hervorzuheben, deren Mittelschiff mit 25 m Spannweite eine der größten Werkstatthallen ist, welche die Gutehoffnungshütte gebaut hat. Vor dieser Werkstatt befindet sich der Materiallagerplatz, auf dem die fast ausnahmslos von den eigenen Werken zu Oberhausen bezogenen und auf der Staatsbahn und dem Anschlussgleis angefahrenen Walzeisen aufgestapelt werden. Außer Brücken werden von der Brückenbau-Anstalt Hochbauten in Eisenfachwerk in großer Zahl ausgeführt, deren Entwürfe fast ausnahmslos auf dem eigenen Konstruktionsbüro nach erhaltenen allgemeinen Plänen angefertigt werden. Die Umfassungswände bestehen zumeist aus Eisenfachwerk mit ½-Stein starker Ziegelausfüllung.

Besonders hervorzuheben ist bei diesen Bauten, von deren Zweckmäßigkeit die bereits beschriebenen eigenen Werkstätten Zeugnis ablegen, die Art der Dacheindeckung, die von der Gutehoffnungshütte ausgebildet ist, die sogenannte Kalkgipsputz-Eindeckung.

Unter den Bauwerken, die aus den Werkstätten der Brückenbauabteilung hervorgegangen sind, finden sich die größten und bedeutendsten Brücken des In- und Auslandes: die Rheinbrücken bei Bonn und Düsseldorf, die Elbbrücken bei Hamburg und Barby, die Moselbrücke zwischen Trarbach und Traben, die Hochbrücke bei Levensau (siehe Bild).

An größeren Bauwerken warern seinerzeit in Ausführung: die Brücke über die Südelbe bei Harburg; die Hochbrücke über den Nordostsee-Kanal bei Holtenau; zwei Stromöffnungen der Rheinbrücke bei Düsseldorf-Hamm; ferner eine große Zahl von Brücken für die Kaiserlich Chinesische Staatseisenbahn Tientsin – Pukow und Brücken für den Mittelland- und Rhein-Herne-Kanal.

1896 DIE BRÜCKE ÜBER DEN RHEIN ZWISCHEN BONN UND BEUEL

1896 DIE BRÜCKE ÜBER DEN RHEIN ZWISCHEN BONN UND BEUEL

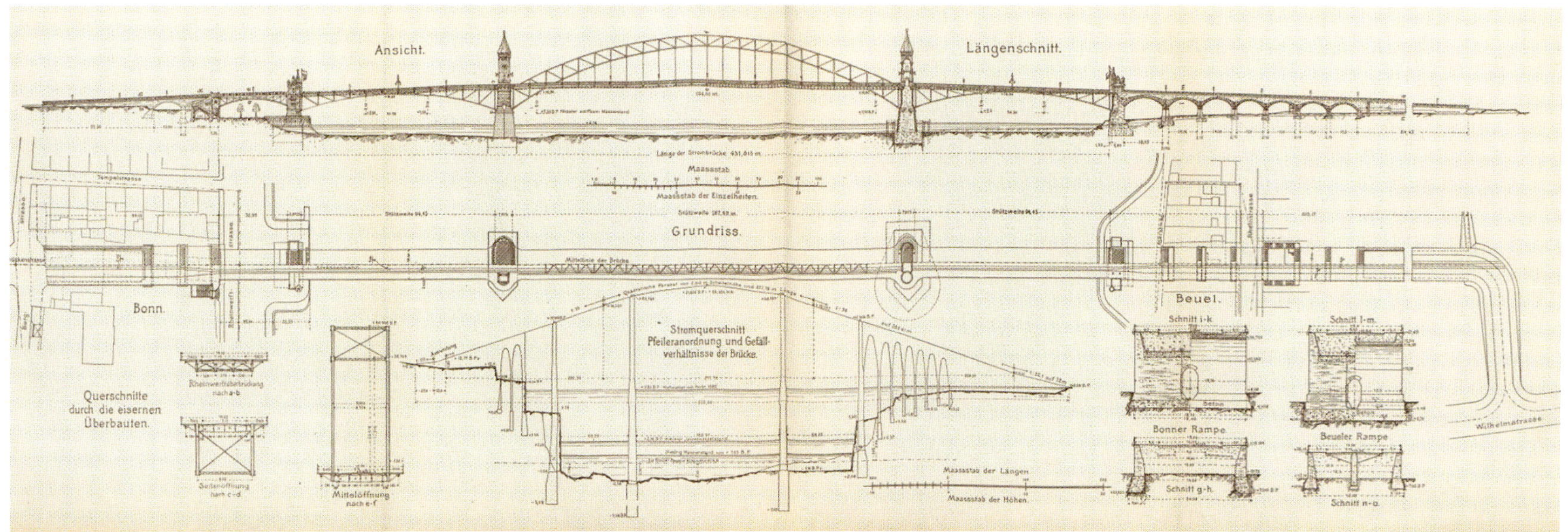

Bauherr: Stadt Bonn

Eisenkonstruktion: Bauunternehmen R. Schneider, Berlin und Gutehoffnungshütte, Sterkrade

Bauleitung: Wasser-Bauinspektor Heinrich Frentzen

Architekt: Bruno Möhring

Steinbildhauer: Gotthold Riegelmann, Berlin und A. Brasche, Bonn

Metalldekoration: Hillerscheidt & Kasbaum, Berlin

1896 DIE BRÜCKE ÜBER DEN RHEIN ZWISCHEN BONN UND BEUEL

»Die Aufgabe, die es hier für den schaffenden Geist des Ingenieurs und des Architekten zu lösen galt, war eine schwierige, denn es kam darauf an, ein Werk der Brückenkunst zu schaffen, das nicht nur dem Reiz der so wundervollen Rheinlandschaft keinen Abbruch tat, sondern sich diesem harmonisch anpaßt, ihn womöglich noch steigert.«

Zenralblatt der Bauverwaltung 1898

Die Verbindung zwischen Bonn und Beuel wurde am 17. Dezember 1898 für den Verkehr freigegeben und war zu ihrer Zeit die größte Bogenbrücke der Welt.

Am 8. März 1945 wurde die Brücke gesprengt.

1898 – 1899 DIE BRÜCKE ÜBER DIE MOSEL ZWISCHEN TRARBACH UND TRABEN

»Und wenn mir einer von den sieben Weltwundern erzählen will, so soll er auch den Brückenturm in Trarbach nennen, denn einen zweiten gibt es auf der ganzen Welt nicht mehr.«

Trarbach-Trabener Zeitung 21.12.1899

1898 – 1899 CHRONOLOGIE DES BRÜCKENBAUS ÜBER DIE MOSEL

»Seit fünfzig Jahren hoffen die Schwesterstädte Trarbach und Traben an der Mosel auf die Herstellung eines festen Flussübergangs. Im Jahre 1848 hatten sich schon französische Ingenieure erboten, Drahtseilbrücken über die Mosel zu bauen. 1854 entstand ein Entwurf für eine Steinbrücke mit 10 Bogenöffnungen. Nach dem Anschluss Trabens an das Eisenbahnnetz 1870 wurde erneut eine Brücke erörtert.«

Baurat Emil Weisser, Coblenz, April 1898

20.10.1897	Besichtigung des Geländes durch den Architekten Bruno Möhring und die Ingenieure der Firmen Schneider, Berlin, und Harkort, Duisburg. Sie gewannen zusammen den ausgeschriebenen Wettbewerb.
07.05.1898	Erster Spatenstich um 15 Uhr durch Bürgermeister Fritz van Meenen
10.08.1898	Grundsteinlegung am Trarbacher Strompfeiler
10.12.1898	Alle fünf Pfeiler sind fertiggestellt, begünstigt durch Niedrigwasser.
01.02.1899	Errichtung des Trarbacher Brückenhauses mit Weinrestauration.
28.05.1899	Die Firma Harkort beginnt mit der Konstruktion des eisernen Oberbaus. Die Fahrbahn ist komplett gelegt.
19.08.1899	Der letzte Bogen ist überbaut. Der Stadtrat macht einen ersten Übergang.
16.11.1899	Besichtigung der Brücke durch den Regierungspräsidenten Nasse.
07.12.1899	Belastungsprobe der Brücke durch 175 Fuderfässer, die mit Wasser gefüllt sind und ca. 400 Zentner wiegen. Bis zur Eröffnung ist das Begehen der Brücke untersagt.
20.12.1899	Brückeneinweihung : 14.00 h: Feierliche Übergabe des Bauwerks am Brückentorhaus in Trarbach. 15.00 h: Festessen im Casino. 17.45 h: Bengalische Beleuchtung der Brücke. 19.30 h: Fackelzug. 20.00 h: Festkommers mit Ball im Casino.
19.01.1902	Die Gesamtkosten belaufen sich auf Mk. 707 704,88 Pfg.
13.03.1945	Um 9.11 Uhr wird die Brücke gesprengt.

1898 – 1899 DIE BRÜCKE ÜBER DIE MOSEL ZWISCHEN TRARBACH UND TRABEN

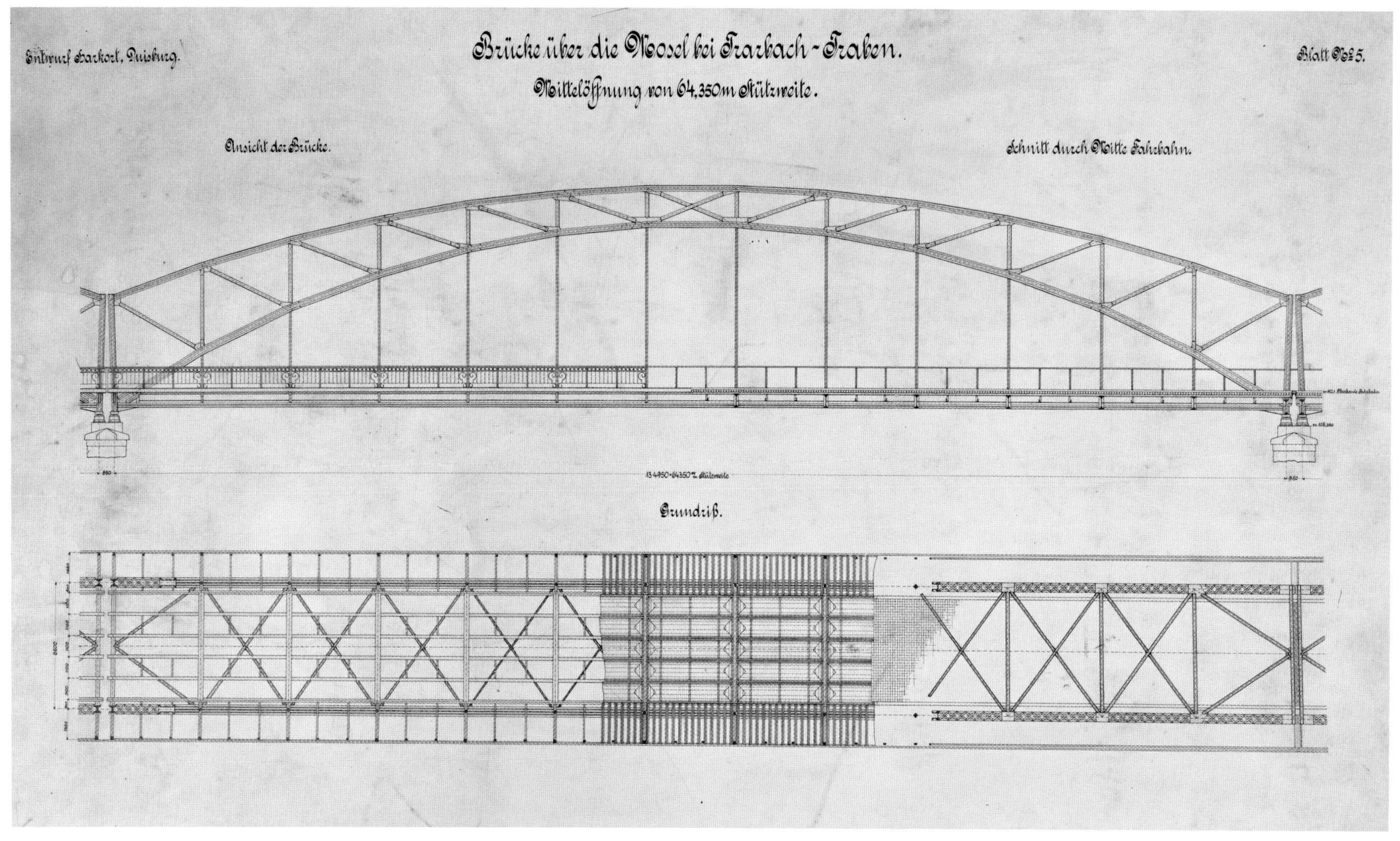

Bauherr: Stadt Trarbach und Stadt Traben | Architekt: Bruno Möhring

Brückenbau: Firma Harkort, Duisburg | Bauunternehmen: R. Schneider, Berlin

Bauleiter: Baurat E. Weisser, Koblenz | Steinbildhauer: Bernhard Wendhut, Traben

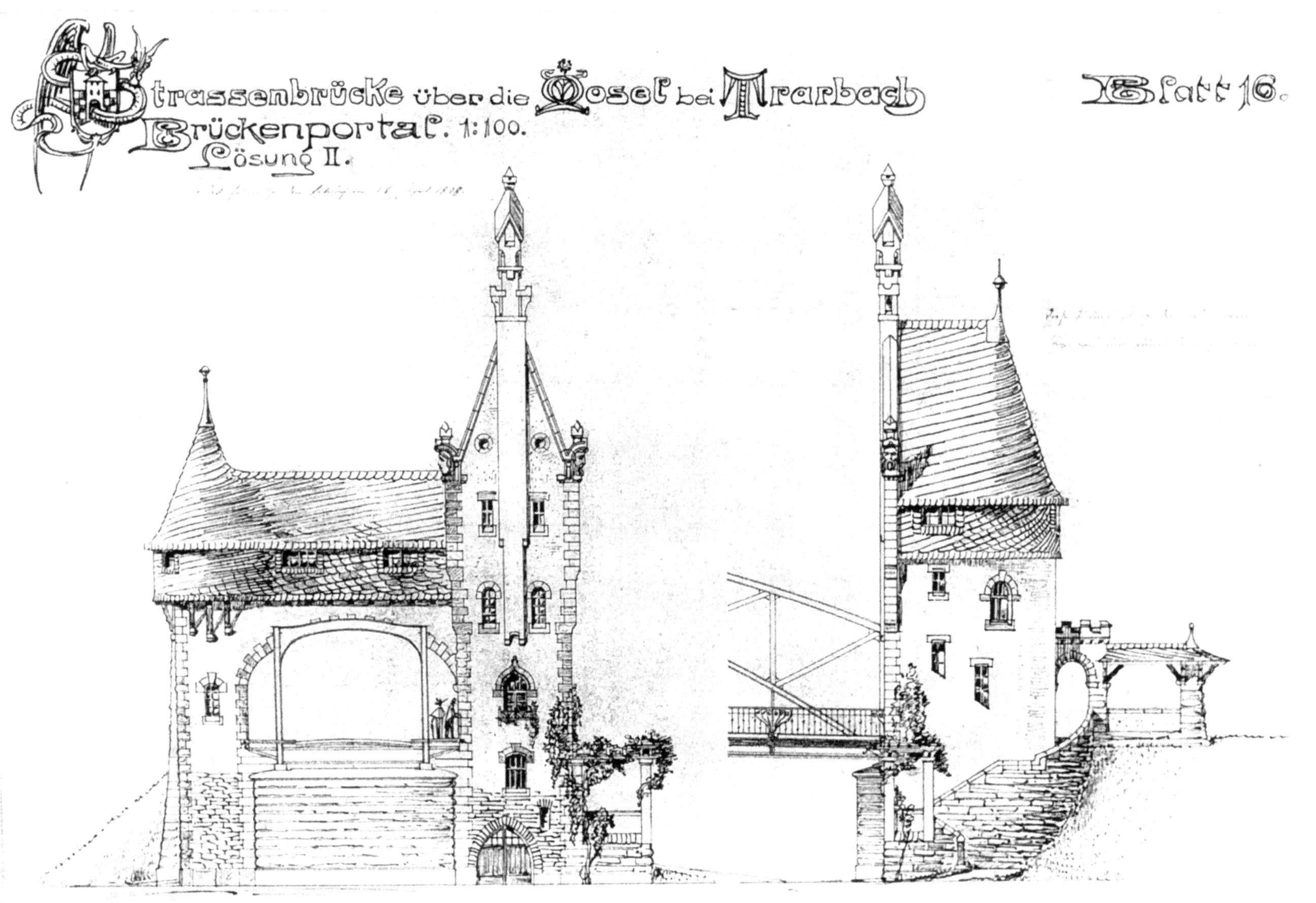

Bruno Möhring: Entwurf für das Brückentor in Trarbach, April 1898

1898 – 1899 DIE BRÜCKE ÜBER DIE MOSEL ZWISCHEN TRARBACH UND TRABEN

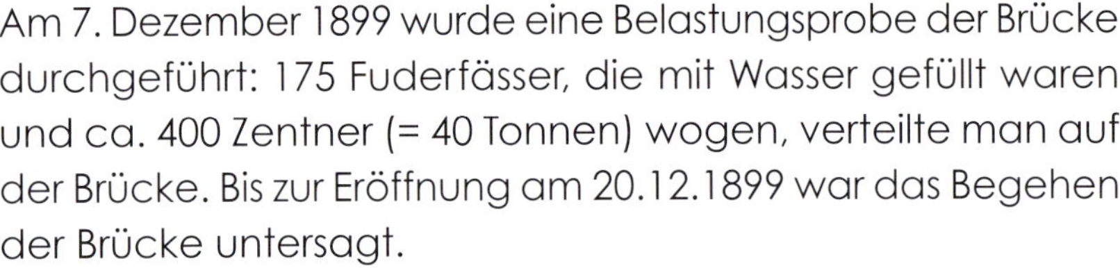

Am 7. Dezember 1899 wurde eine Belastungsprobe der Brücke durchgeführt: 175 Fuderfässer, die mit Wasser gefüllt waren und ca. 400 Zentner (= 40 Tonnen) wogen, verteilte man auf der Brücke. Bis zur Eröffnung am 20.12.1899 war das Begehen der Brücke untersagt.

Ende der 1920er Jahre wurde die Dachterrasse überbaut und bot nun einen zusätzlichen, witterungsunabhängigen Gastraum. Das Foto zeigt die Vertikalschiebefenster, die der Renovierung im Jahr 2000 zum Opfer fielen.

Bruno Möhring: Entwurf für das Zollhäuschen in Traben

Bürgermeister Fritz van Meenen bei der Eröffnung am 20. Dezember 1899:

»Es war also ein guter Gedanke, dies auch für spätere Zeiten am Bauwerk zum Ausdruck zu bringen und der kräftige Händedruck, der am Eingang zur Brücke am Trabener Ufer dargestellt ist, will den Nachkommen ein Zeichen überliefern. Möge die Verbindung so fest bestehen wie die schmiedeeiserne Symbolik.«

1902 – 1904 DIE AAKERFÄHRBRÜCKE ÜBER DIE RUHR BEI DUISBURG

Bauherr: Stadt Duisburg | Architekt: Bruno Möhring | Brückenbau: Firma Harkort, Duisburg | Bauunternehmung: Heinrich Ziegler, Wesel

1902 – 1904 DIE AAKERFÄHRBRÜCKE ÜBER DIE RUHR BEI DUISBURG

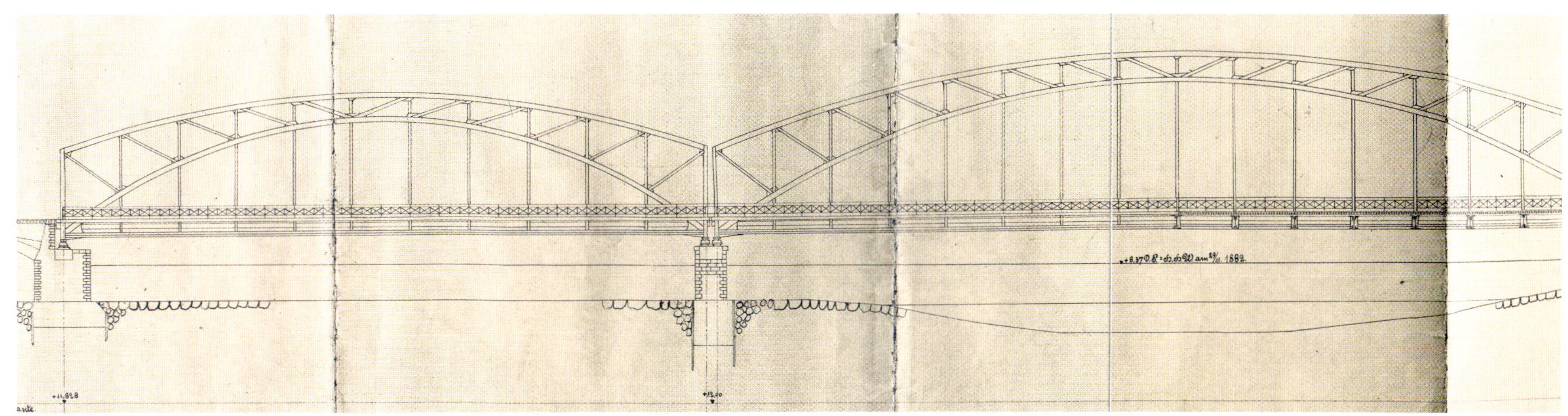

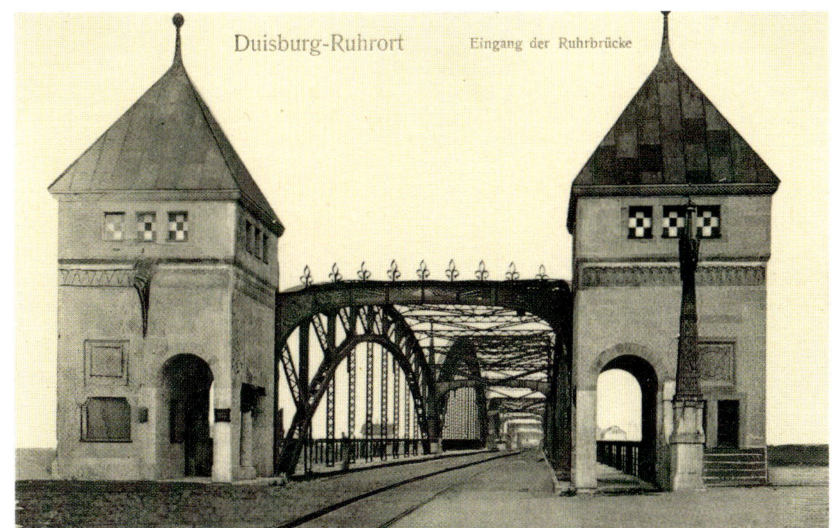

Die Ruhrbrücke zwischen den Ortsteilen Duissern und Meiderich hat ihren Namen von der ehemaligen Fährverbindung, der Aakerfähre. Seit 1890 suchten die Städte Meiderich und Duisburg nach einem Platz für einen festen Flussübergang.

Am 11. November 1904 wurde die Brücke eingeweiht. 1907 nahm die über die Brücke führende Straßenbahn ihren Betrieb auf.

Obwohl auch diese Möhring-Brücke 1945 gesprengt wurde, war sie nach dem Wiederaufbau noch von 1946 bis 1995 in Betrieb.

1902 BERLIN-GESUNDBRUNNEN, SWINEMÜNDER BRÜCKE

Bauherr: Stadt Berlin | Architekt: Bruno Möhring | Konstruktion: Bauingenieur Friedrich Krause, Berlin

Ausführung: Beuchelt & Co., Grünberg – Th. Möbus, Berlin | Geländer: Panzer Eisenindustrie, Berlin

Kunstschmied: Otto Schultz, Berlin

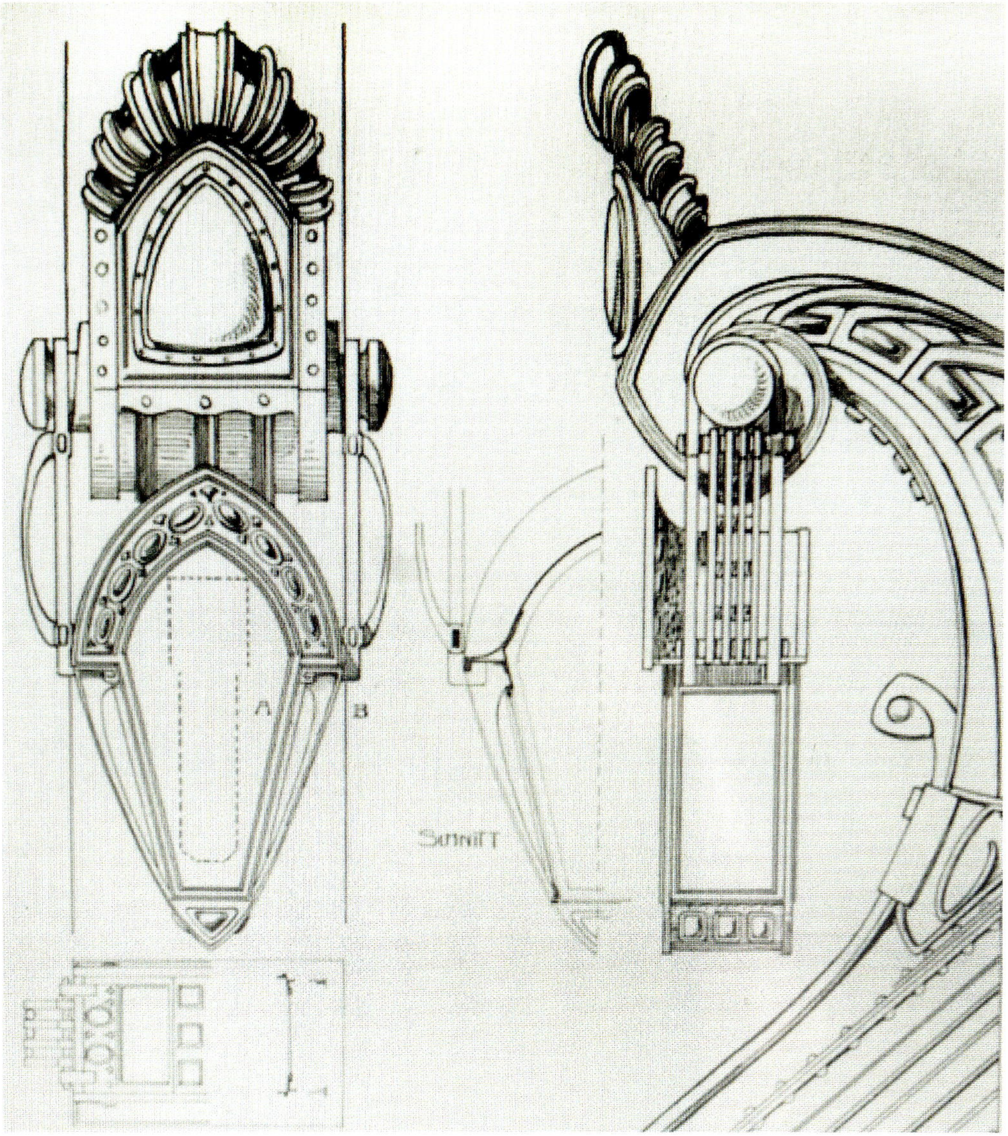

1902 BERLIN-GESUNDBRUNNEN, SWINEMÜNDER BRÜCKE

An den Pylonen der beiden Brückentore waren geschwungene Eisenträger befestigt. Dort ragten Säulen auf und ausladende, reich verzierte Halterungen für Laternen.

Brückendetails

Beleuchtungsaufhängung

1902 BERLIN-GESUNDBRUNNEN, SWINEMÜNDER BRÜCKE

Die Brücke an der Swinemünder Straße überspannt das Eisenbahngelände des Bahnhofs Gesundbrunnen in einer kühn geschwungenen Eisenkonstruktion von 228 m Länge.

Die Baukosten betrugen 1,2 Millionen Mark und damit war die Brücke das teuerste Brückenbauwerk jener Zeit in Berlin. Deshalb nannten die Berliner die Swinemünder Brücke auch »Millionenbrücke«.

1910 – 1912 BRÜCKE ÜBER DIE ELBE BEI SCHÖNEBECK

Bauherren: Stadt Schönebeck u. die Orte Elbenau, Groß Salza, Frohse, Grünewalde, Randau, Ranies, Prietzen, Plötzky u. Gommern

Architekt: Bruno Möhring | Leitung: Regierungsbaumeister Wilhelm Kaertge

Tiefbau: Bauunternehmen B. Liebhold & Co AG, Holzminden | Brückenbau: Fa. August Klönne, Dortmund

1910 – 1912 BRÜCKE ÜBER DIE ELBE BEI SCHÖNEBECK

Brückenbau 1911

Eröffnung 30. November 1912

Die ersten Überlegungen zum Brückenbau entstanden 1887. Im November 1898 entschlossen sich die späteren Bauherren einstimmig für einen Brückenbau. Eine Ausschreibung wählte die Firma August Klönne, Dortmund, aus. Diese machte das günstigste Angebot: 1.236.735,00 Mark. Baubeginn war der 1. Juli 1910. Auf der Schönebecker Seite wurde im Februar 1912 mit dem Bau von Brückenhaus und Treppenaufgang begonnen. Die Entwürfe dafür machte Bruno Möhring, Berlin. Die Eröffnung der »Schaumburg-Brücke« erfolgte am 30. November 1912.

Am 12. April 1945 wurde die Brücke gesprengt.

1910 – 1912 BRÜCKE ÜBER DIE ELBE BEI SCHÖNEBECK

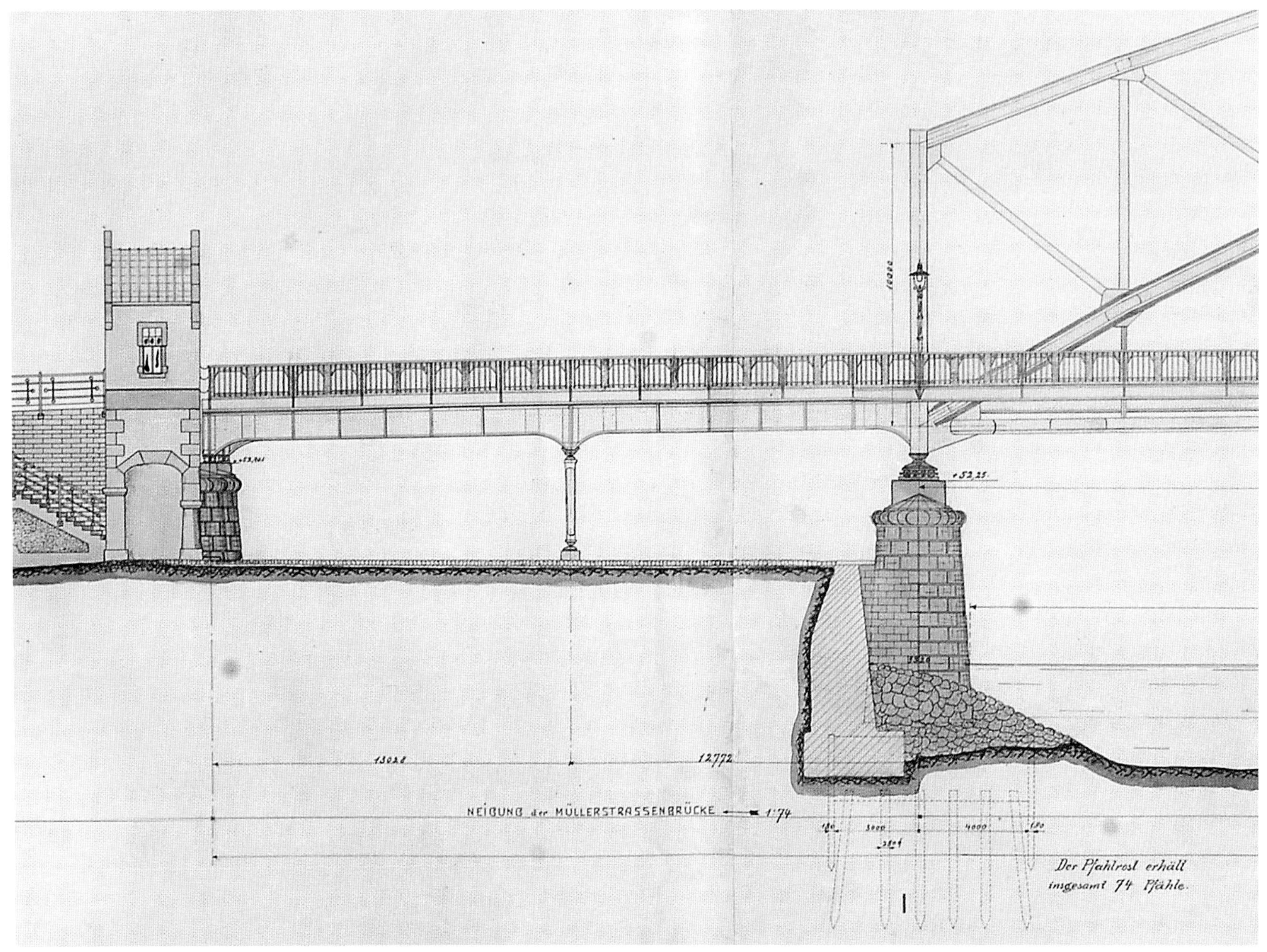

Detail der Originalzeichnung, denn diese ist 1,20 m hoch und 8,00 m lang.

1910 – 1912 BRÜCKE ÜBER DIE ELBE BEI SCHÖNEBECK

Ein Brückenticket-Verkaufsautomat gab 1914 Passierscheine zur Benutzung der Brücke heraus.

Tarife:

– Kinder unter 4 Jahren, keine Gebühr	
– Personen einschließlich ihrer Traglast	5 Pf
– 1 Pferd oder ein Maultier	15 Pf
– 1 Rindvieh oder Esel	10 Pf
– Fohlen, Kälber, Schafe, Ziegen, Hund, Schwein oder anderes Tier pro Stück	3 Pf
– Die Führer der Fuhrwerke sind abgabenfrei.	
– Für Tiere auf Fuhrwerken keine Gebühr	
– leere Fuhrwerke von Tieren gezogen (einschl. Futter, Lasten, Zubehör bis 100 kg)	15 Pf
– Kinderwagen, Handwagen, Schubkarren, Hundefuhrwerk, Schlitten	5 Pf
– beladene Lastfuhrwerke, Lokomobile, Dampfmaschinen	30 Pf
– Kraftwagen leer (Gummireifen)	40 Pf
ohne Gummireifen	60 Pf
– Kraftwagen beladen (Gummireifen)	60 Pf
ohne Gummireifen	80 Pf
– Krafträder jeder Art mit Führer	10 Pf

Diese Preise änderten sich im August 1925:

– pro Person	10 Pf
– im Abo pro Woche	35 Pf
– pro Monat	150 Pf
– Pferd, Rindvieh, Maultier, Esel	20 Pf
– Fohlen, Kalb, Schaf, Schwein	10 Pf
– Federvieh pro Stück	10 Pf
– leere Fuhrwerke einschließlich Führer	20 Pf
– beladene Fuhrwerke einschl. Führer	40 Pf
– Zweiradwagen	20 Pf
– Handwagen	10 Pf
– leere Kraftwagen (Gummireifen)	80 Pf
ohne Gummireifen	120 Pf
– beladene Kraftwagen (Gummireifen)	120 Pf
ohne Gummireifen	150 Pf
– Krafträder jeder Art mit Führer	30 Pf

Für auswärtiges Fuhrwerk erhöht sich der jeweilige Satz um 50 %!

1913 BERLIN-MOABIT, BELLEVUESTEG, HEUTE: GERICKESTEG

Bauherr: Gemeinde Tiergarten | Architekt: Bruno Möhring | Bauleitung: Friedrich Krause | Konstruktion: Fritz Hedde

Bauunternehmen: August Druckenmüller | Metallarbeiten: Charlottenburger Kunstschmiede

Bildhauer: Georg Roch und Hermann Feuerhahn, Berlin

1913 BERLIN-MOABIT, BELLEVUESTEG, HEUTE: GERICKESTEG

Die Fußgängerbrücke über die Spree wurde am 30. Januar 1915 als »Bellevuesteg« eingeweiht. Erst im Jahr 1920 bekam die Brücke den Namen »Gerickesteg« zu Ehren des Berliner Kaufmanns Wilhelm Gericke. In den Jahren 1949–1950 und 1987 wurde die Brücke saniert.

Aufgang zur Brücke 1915

Aufgang zur Brücke heute

1899 – 1901 WUPPERTAL, SCHWEBEBAHN BAHNHOF DÖPPERSBERG

Zum Bau und zum späteren Betrieb der Schwebebahn – eigentlich Einschienenhängebahn – wurde ein Konsortium gegründet.

1899 war Baubeginn und die feierliche Eröffnung fand 1900 statt. Da der Bahnhof die Fahrgastzahlen nicht mehr bewältigen konnte, wurde die Station Döppersberg 1923 demontiert.

Bauherr: Stadt Wuppertal | Architekt : Bruno Möhring

beteiligte Firmen: van der Zypen & Charlier, Köln; MAN, Gustavsburg; Harkort, Duisburg; Gutehoffnungshütte, Sterkrade

1899 – 1901 WUPPERTAL, SCHWEBEBAHN BAHNHOF DÖPPERSBERG

Centralblatt der Bauverwaltung, 23. November 1898:

»Von den in der Preisbewerbung um die architektonische Ausgestaltung der Haltestelle Döppersberg der Schwebebahn Barmen – Elberfeld – Vohwinkel eingegangenen drei Entwürfen ist keiner unmittelbar für die Ausführung geeignet befunden worden. Von der ausgesetzten Summe von 5000 Mark sind deshalb 2000 Mark für ein zweites Ausschreiben zurückgesetzt worden.

Einen Preis von 2000 Mark erhielt der Entwurf des Architekten Bruno Möhring in Berlin, einen solchen von 1000 Mark die Arbeit der Architekten Cornehls und Fritsche in Elberfeld. Beide Bewerber sind aufgefordert, ihre Entwürfe entsprechend zu ändern: ergeben sich hieraus für die Ausführung geeignete Pläne, so sollen auch die zurückgestellten 2000 Mark nach Ermessen der Preisrichter verteilt werden.«

1900 BERLIN-SCHÖNEBERG, HOCHBAHN BAHNHOF BÜLOWSTRASSE

Bauherr: Stadt Berlin | Architekt: Bruno Möhring | Konstruktion: Gutehoffnungshütte, Sterkrade

Steinmetzarbeiten: Carl Schilling | Umbau 1928, Architekt: Rudolf Möhring

1900 BERLIN-SCHÖNEBERG, HOCHBAHN BAHNHOF BÜLOWSTRASSE

»Was Möhring auf Grund des Wettbewerbs, nach umfangreichen Vorstudien für die Ausführung, geschaffen hat, ist in Entwurf und formaler Durchbildung so neu, so frisch, so kraftvoll und so schön, dass der Bahnhof Bülowstraße vorbildliche Bedeutung für die Entwicklung der neuen Architektur in Berlin gewonnen hat.«

Albert Hoffmann, 1902

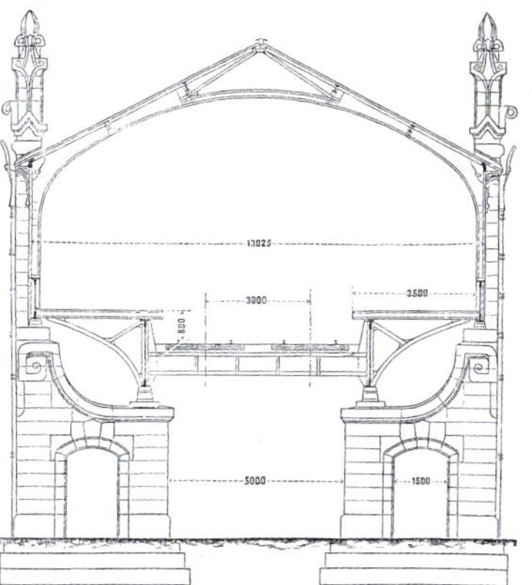

1902 DORTMUND, ZECHE ZOLLERN II/IV, MASCHINENHALLE

Bauherr: Gelsenkirchener Bergwerks-AG, Gelsenkirchen | Architekt: Bruno Möhring

Eisenfachwerk-Konstruktion: Reinhard Krohn, Gutehoffnungshütte, Sterkrade

Möhrings Ausstellungshalle der Gutehoffnungshütte auf der Rheinisch-Westfälischen Industrie- und Gewerbeausstellung in Düsseldorf 1902 war das Vorbild für die Maschinenhalle. Die farbige Verglasung des Haupteingangs, das geschwungene Vordach, die Uhr und die Bedienungselemente sind nach Möhrings Entwürfen entstanden.

Die Gelsenkirchener Bergwerks-AG hatte sich für den Entwurf eines Stahlskelettbaus von Bruno Möhring entschieden, anstatt für den eines massiven Ziegelbaus von Paul Knobbe (1867–1956). Ursprünglich war die Eröffnung für den 1.Oktober 1902 geplant, aber durch die Änderungen, die Möhring am Bau vornahm, war die Halle erst am 13. Februar 1903 fertig.

1902 DORTMUND, ZECHE ZOLLERN I/IV, MASCHINENHALLE

Die Bedienungselemente und die Uhr sind nach Möhrings Entwürfen gefertigt worden.

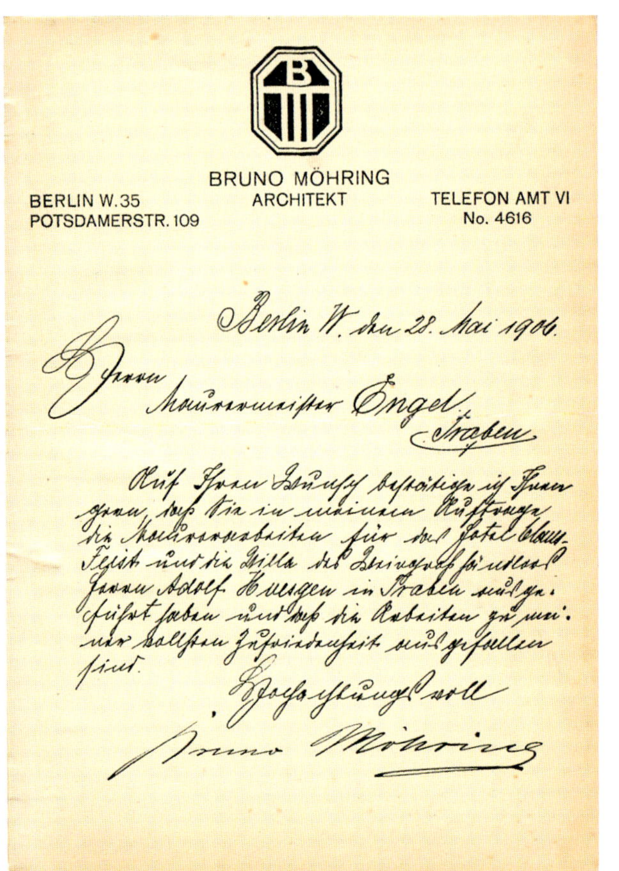

BRUNO MÖHRING
ARCHITEKT

BERLIN W.35
POTSDAMERSTR. 109

TELEFON AMT VI
No. 4616

Berlin W. den 28. Mai 1906.

Herrn
Maurermeister Engel,
Traben

Auf Ihren Wunsch bestätige ich Ihnen gerne, daß Sie in meinem Auftrage die Maurerarbeiten für das Hotel Clauss-Feist und die Villa des Weingroßhändlers Herrn Adolf Huesgen in Traben ausgeführt haben und daß die Arbeiten zu meiner vollsten Zufriedenheit ausgefallen sind.

Hochachtungsvoll

Bruno Möhring

Berlin, den 28. Mai 1906

Herrn Maurermeister Engel, Traben

Auf Ihren Wunsch bestätige ich Ihnen gerne, daß Sie in meinem Auftrag die Maurerarbeiten für das Hotel Clauss Feist und die Villa des Weingroßhändlers Herrn Adolf Huesgen in Traben ausgeführt haben und daß die Arbeiten zu meiner vollsten Zufriedenheit ausgefallen sind.

Hochachtungsvoll

Bruno Möhring

VILLEN UND HÄUSER

VILLEN UND HÄUSER

Seite 72: Bruno Möhring an Maurermeister Engel 28. Mai 1906 | Seite 73: Berlin, Haus Möhring, Detail

1901 BRANDENBURG, HAUS LEHMANN

75

Bauherr: Ernst Paul Lehmann, Brandenburg | Architekt (Umbau): Bruno Möhring | Plastik: Otto Stichling, Berlin

Keramik: Josef Maximillian Laeuger, Lörrach | Wandmalerei: Wilhelm Müller-Schönefeld, Berlin; Adolph Eckhardt, Berlin

Metallarbeiten: Victor Hillmer, Berlin

1901 BRANDENBURG, HAUS LEHMANN

Wandmalerei von Adolph Eckhardt

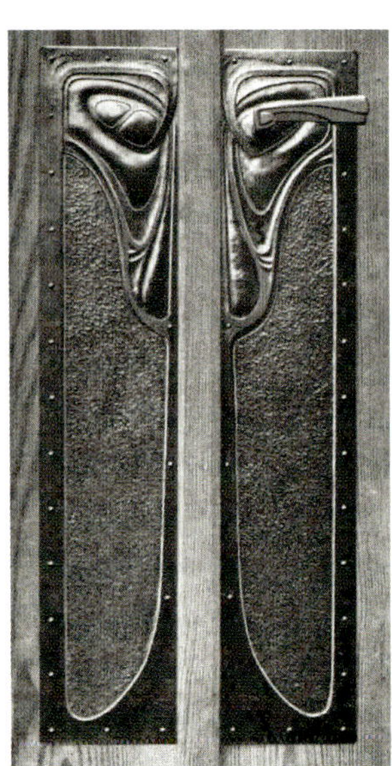

Metallarbeiten von Victor Hillmer

Zimmereinrichtung um 1905

Im Jahr 1881 gründete Ernst Paul Lehmann (1856–1931) die »Blechspielwaren-Fabrik von Lehmann und Eichner«. Anfangs wurden neben dem Blechspielzeug auch Blechbehälter für die Industrie hergestellt.

Ab 1888 lag dann der Schwerpunkt auf mechanischem Spielzeug. Das Wohnhaus stammte ursprünglich aus dem 18. Jahrhundert und Bruno Möhring gestaltete das Gebäude innen und außen im Jugendstil um.

1904 TRABEN, VILLA HUESGEN

»Das Haus Huesgen ist ein besonders gastfreies und lebensfrohes. Mit Garten, Keller und Erdgeschoß sind die Einrichtungen für gesellige Freuden nicht abgeschlossen. Bei besonderen Gelegenheiten geht es nach dem Festmahle hinauf ins Dach. Dort ist noch ein Tanzsaal mit kleiner Bühne und Schauspielergarderobe untergebracht.«

Deutsche Bauzeitung 2. Juni 1906

Bauherr: Adolph Huesgen und Ida Huesgen, geb. Böcking | Architekt: Bruno Möhring

Möbel: W. Kümmel, Berlin | Tischlerarbeiten: W. Knodt, Traben | Wandmalerei: Adolph Eckhardt, Berlin

Bruno Möhring: Entwurf für die Gartenanlage

Bruno Möhring: Entwurf für ein Wohnhaus mit angegliedertem Kellereigebäude für Adolph Huesgen, veröffentlicht 1906

Bauherr und Architekt: Bruno Möhring und Anna Möhring geb. Burghardt

1904 BERLIN-MARIENFELDE, HAUS MÖHRING

Das Haus in Marienfelde, in dem Möhring bis zu seinem Tode lebte, wurde von ihm ursprünglich als Wochenendhaus entworfen. Der schwungvolle Giebel mit dem tief heruntergezogenen Bogendach und das vierfach geteilte Spitzbogenfenster mit den geschnitzten Konsolen zeigen die vielfältige Formensprache des Jugendstils. Die von Möhring entworfene Ausstattung ist zu einem großen Teil erhalten geblieben.

Haus Möhring Details

Bauherr: Hofjuwelier Johannes Heinrich Werner, Potsdam | Architekt: Bruno Möhring | Wintergarten: Ed. Puls, Berlin

Mobiliar: W. Kümmel, Berlin; C.F. Bocker, Berlin; Hermann Rose, Potsdam; Friedrich Thierichens, Berlin

Bildhauer: Georg Roch, Berlin | Malerarbeiten: M.J. Bodenstein, Berlin

1905 POTSDAM, VILLA WERNER

Gartenansicht

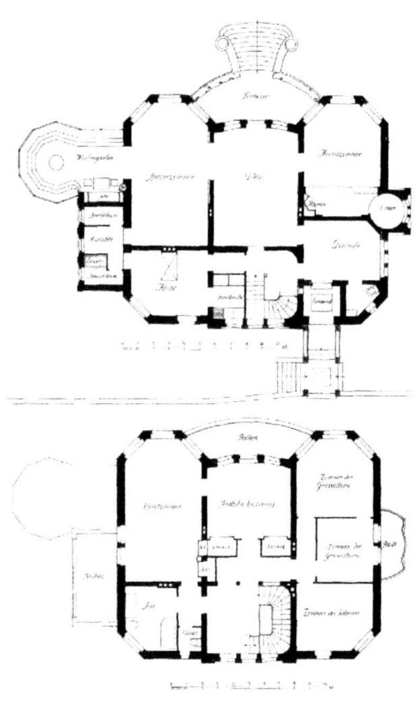

Grundriss Erd- und Obergeschoss

Seitenansicht

Die Villa Werner, Griebnitzstraße 3, fiel in den 1960er Jahren dem Berliner Mauerbau zum Opfer.

1905 EIFEL, JAGDHAUS SEITH (ENTWURF)

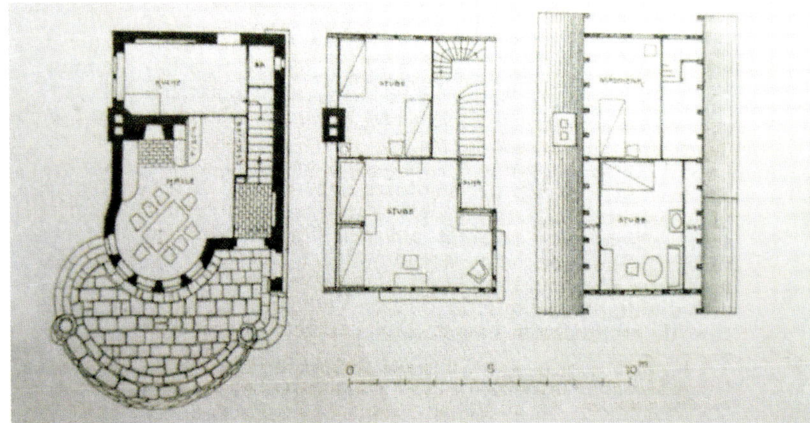

Auftraggeber: A. Seith | Architekt: Bruno Möhring

1906 SCHREIBERHAU (PL), VILLA KOEPPEN

Bauherr: Dr. Alfred Koeppen | Architekt: Bruno Möhring

Lichtdruck 1907

1905 TRABEN, VILLA BREUCKER

»Besondere Beachtung verdienen die Entwürfe von Bruno Möhring wegen ihrer ausgesprochenen Eigenart. Niemals huldigt er dem Schematismus.

Jede Aufgabe packt er frisch an und gestaltet sie von Grund auf neu. Die architektonische Linie seiner Schöpfungen hat einen lebendigen Schwung.«

Ernst Schur 1907

Bauherr: Dr. Gustav Breucker und Maria, geb. Haussmann | Architekt: Bruno Möhring

»Als ich von Berlin ins Moseltal kam, erlebte ich einen wahren Kulturschock. Steile Hänge mit stacheligen Weinstöcken, ein Fluss, der eher rückwärts fließt als vorwärts, dazu menschenleere Gassen. Begegnete ich einmal einem Einheimischen, verstand ich von seinem Moselfränkisch kein Wort. Ich fühlte mich fremder als auf einer Reise in einen Tausende Kilometer entfernten Kontinent.«

Axel Hesse

In 21 unterhaltsamen Erzählungen erfährt der Leser von einer kleinen Welt am Rande des Landes, in der es einfach und persönlich, eigentümlich und skurril zugeht.

Axel Hesse, als Kind Kölner Kneipiers geboren. Die jungen Jahre in den Rheinauen. Zum Studium ins ruinöse Berlin. Abrutschen in die Kulturszene, Film und Theater. Arbeitender Globetrotter, Moseltal, Kolumbien, Schweiz, London, Malaysia ...

RHEIN MOSEL VERLAG

Rhein-Mosel-Verlag
Brandenburg 17, 56856 Zell / Mosel
www.r-m-v.de
rhein-mosel-verlag@t-online.de

Gestaltungsdetail: Rinnenkessel

1905 TRABEN, VILLA BREUCKER

1906 LÖSNICH, WINZERVILLA JACOBY

Bauherr: Peter Jacoby, Lösnich | Architekt: Bruno Möhring

1910 BUCKOW, EISERNE VILLA (BRECHTWEIGELHAUS)

Bauherr: Georg Roch, Berlin | Architekt: Bruno Möhring – ab 1952 im Besitz von Bertolt Brecht und Helene Weigel

1910 BUCKOW, EISERNE VILLA (BRECHTWEIGELHAUS)

»Bertolt Brecht und Helene Weigel fanden den Ort ihrer Wünsche in Buckow am Ufer des Schermützelsees. Dort standen am Seeufer gleich zwei Häuser zum Verkauf, ein kleines, wie Brecht fand, ›nicht unedel gebaut‹, mit Blick auf den See und nur fünfzig Meter daneben ein elegantes Landhaus mit einer großen Front aus Sprossenfenstern. Das Panorama, das sich aus diesem Fenster bot, war überaus anmutig: Ein langer Bootssteg führte hinaus auf den See.

Das Haus hatte zuvor dem Bildhauer Georg Roch gehört, einem Freund und künstlerischen Mitarbeiter des Architekten Bruno Möhring, der die Entwürfe dazu gezeichnet hatte.

Es wurde um 1910 ganz nach den Bedürfnissen der Bildhauerei gestaltet: Hinter der Fensterfront erstreckte sich eine geräumige Halle, die über zwei Etagen reichte. So entstand Licht und Raum für große plastische Bildwerke. Am Haus zeugten drei Medaillons im Halbrelief und im Garten zwei fischschwänzige Pferdeskulpturen von der Arbeit Georg Rochs.«

Bernd Eberhard Fischer 2005

1910 STETTIN (PL), VILLA DR. CARL OSSENT

96

Heute: Kindergarten und Vorschule

1910 STETTIN (PL), VILLA DR. CARL OSSENT

Straßenansicht 1910

Gartenansicht 1910

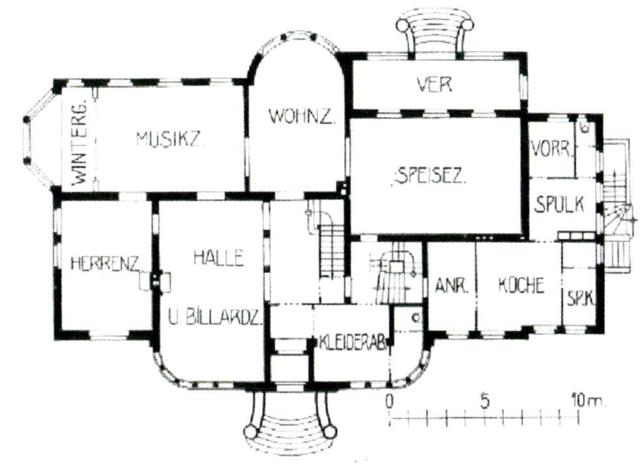

Erdgeschoss

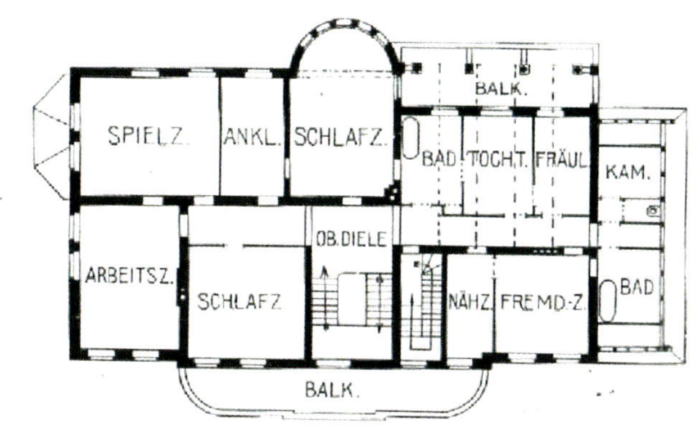

Obergeschoss

»Das Haus für Dr. Carl Ossent in Stettin ist ein behäbiges, norddeutsches Patrizierhaus für die Familie eines wissenschaftlich arbeitenden Mannes, dem jedoch die Freuden heiterer und edler Geselligkeit nicht fremd sind.«

Ernst Spindler 1912

Bauherr: Dr. Carl Ossent | Architekt: Bruno Möhring

1911 BERLIN-MARIENFELDE, VILLA SCHICKE

Bruno Möhring: Zeichnung 1911

mit Veränderungen erhalten

Bauherr: Gustav Schicke | Architekt: Bruno Möhring | Bauausführung: Rudolf Wuelfing | Keramik: John Martens, Berlin

1898 WEINSTUBE SCHICKE, FRIEDRICHSTRASSE 203

Bauherr: Gustav Schicke | Architekt: Bruno Möhring

Zimmererarbeiten: Max Richter, Berlin | Installation: Ludwig Grün

Wandmalerei: Wilhelm Lehmann-Leonhard

Innenausstattung: H. Emmeluth, Andreas Kotta, H. Richt

1911 NÜRNBERG, VILLA SCHRAMM

Bruno Möhring: Zeichnung 1911

Villa um 1912

Entwurf für den Wintergarten

Glasfenster von Christian Abel

Bauherr: Fabrikant Jean Schramm, Nürnberg | Architekt: Bruno Möhring | Glasfenster: Christian Abel, Nürnberg

Die Villa wurde Ende der 1970er Jahre abgerissen.

Zu den Akten!

20

Baubeschreibung.

für die Häuser 8, 9, 10, 11 der Beamtenkolonie „Am Grafenbusch".

Fundament:	Kieszementbeton.
Mauerwerk:	Ziegelsteine mit holländischer Ziegelverblendung mit Luftschicht, innen geputzt, aussen gefugt, Hauptsims Holz.
Decken:	Massive Decken zwischen eisernen Trägern, über dem Obergeschoss Holzbalkendecke mit Rensing'scher Schutz- und Gypsrollendecke.
Dach:	Holländische Pfannendeckung auf Lattung, Konstruktion Kiefernholz.
Treppen:	Aussen- und Kellertreppe aus Beton, Geschosstreppen aus Holz, unterwärts mit Drahtziegelputz versehen.
Fussböden:	Ueber massive Decken, Linoleum auf Korkestrich, kieferner Holzfussboden, Parkett auf Patentfussboden.

Für die Ausführung
GUTEHOFFNUNGSHÜTTE,
AKTIENVEREIN FÜR BERGBAU UND HÜTTENBETRIEB
HOCHBAU-ABTEILUNG.

Zum Gesuch von heute gehörig.
Oberhausen, den 3. September 1913.
Gutehoffnungshütte,
Aktienverein für Bergbau
und Hüttenbetrieb.

Baupolizeilich geprüft
Oberhausen, den 24. Sept. 1913
Der Stadtbaumeister:
Taubert.

SIEDLUNGSBAUTEN

SIEDLUNGSBAUTEN

Seite 100: Baubeschreibung Grafenbusch 3.9.1913 | Seite 101: Oberhausen, Grafenbusch 50 – 52

»Die Entscheidung im Wettbewerb um den Bebauungsplan von Groß-Berlin ist gefallen: Zwei erste Preise an Architekt Herrmann Jansen und Prof. Fritz Genzmer mit Prof. Joseph Brix. Zweiter Preis: Prof. Bruno Möhring mit Richard Petersen und Prof. Rudolph Eberstadt. Dritter Preis: Prof. Bruno Schmitz mit Havestadt & Contag und Prof. Otto Blum«

Berliner Architekturwelt 1911

1909 WETTBEWERB: GROSS-BERLIN – KENNWORT: ET IN TERRA PAX

Grundplan für die städtebauliche Entwicklung Berlins und seiner Vororte: Kennwort »ET IN TERRA PAX«

Verfasser: Rudolph Eberstadt – Bruno Möhring – Richard Petersen

»Ein Werk des Friedens und des Fortschritts soll aus dem Wettbewerb Groß-Berlin hervorgehen. Um die vielfältigen Kräfte der städtischen Bodenentwicklung zu lenken, soll ein einheitlicher Plan gefunden werden.

Das Streben nach Formalismus und Äußerlichkeit, die Vernachlässigung des inneren Wesens und des künstlerischen Gehalts der bodenpolitischen Aufgaben, die übertriebene Bewertung äußerer Regelmäßigkeit im Städtebau sind vielleicht nicht ohne Selbstkritik dargelegt.

Für die Zukunft unseres Städtebaus scheiden sich hier zwei Anschauungen. Die Möglichkeit, für die Gesamtbevölkerung von Groß-Berlin eine befriedigende Bodenentwicklung zu schaffen, steht und fällt damit, dass es jetzt gelingt, zu einem den Gesamtinteressen entsprechenden Bausystem zu gelangen.

Das heutige System unseres deutschen Städtebaus wird allgemein als ›schematisches‹ bezeichnet. Das insbesondere in Berlin ausgebildete System des rechteckigen Schemas (Schachbrett) hat bei den Praktikern und Theoretikern des Städtebaus vielfach Gegnerschaft gefunden.

Neuerdings wird deshalb häufig ein System angewandt, das im bewussten Gegensatz zu dem vorigen die Straßen grundsätzlich in Windungen und Krümmungen führt. So sehr der hierbei in einzelnen entworfenen Bebauungsplänen erzielte Fortschritt zu begrüßen ist, so trifft diese Neuerung doch nicht ganz den Kern der Sache. Dem älteren wie dem neueren System ist gemeinsam der Kultus der Straße, die heute in Deutschland als das Hauptstück der Städtebaukunst zu gelten scheint. Unser Städtebau ist fast zum Straßenbau geworden.«

(Auszug aus dem Erläuterungsbericht 1910)

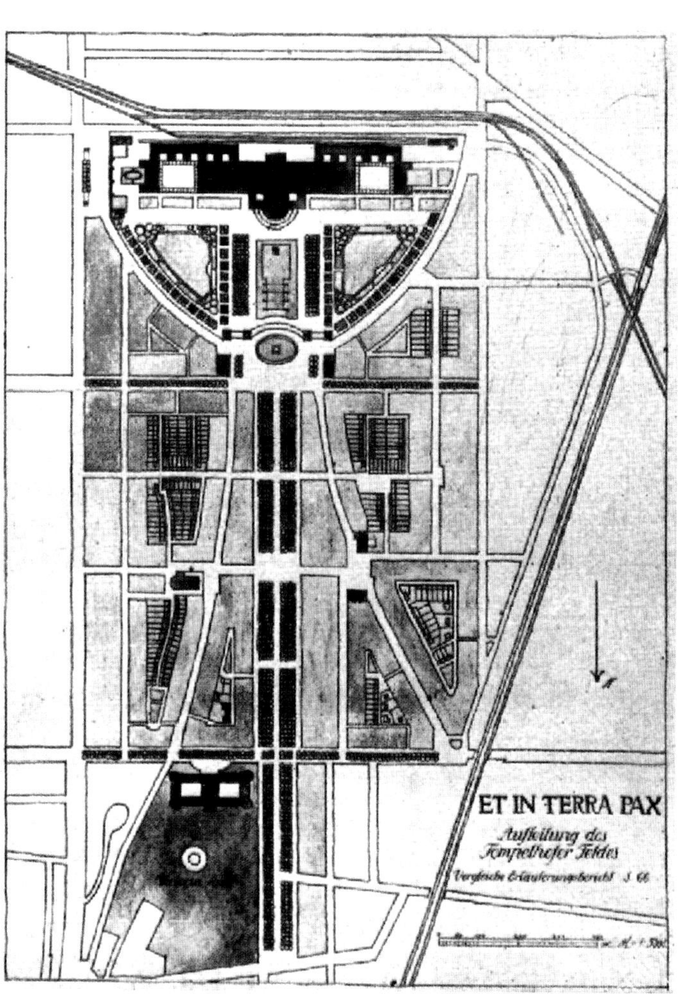

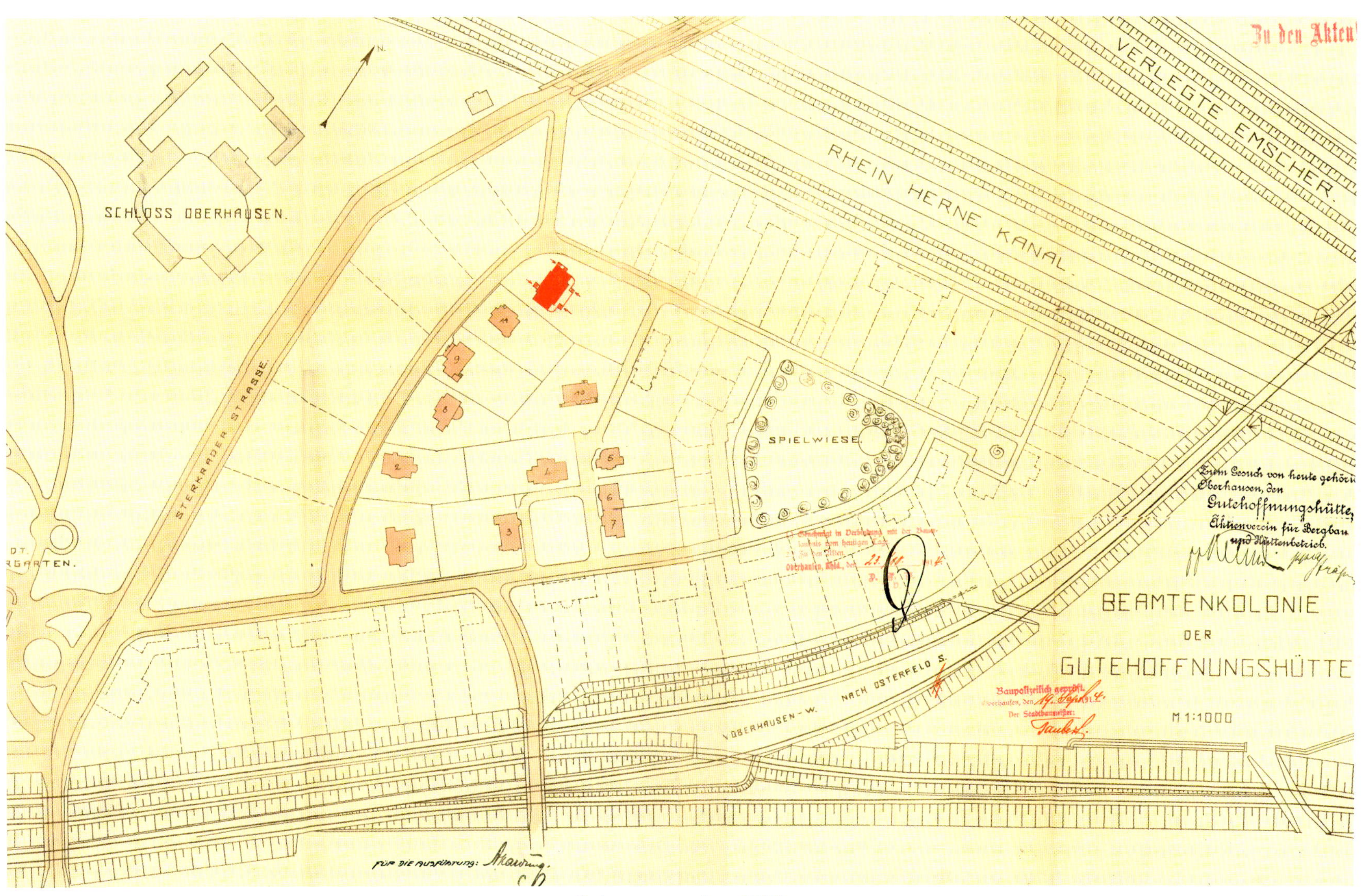

Bebauungsplan 1922

Bauherr: Gutehoffnungshütte, Oberhausen-Sterkrade | Architekt: Bruno Möhring

Bauunternehmung für alle Gewerke: Heinrich Ziegler, Wesel

1910 – 1923 OBERHAUSEN, SIEDLUNG GRAFENBUSCH, AM GRAFENBUSCH 5

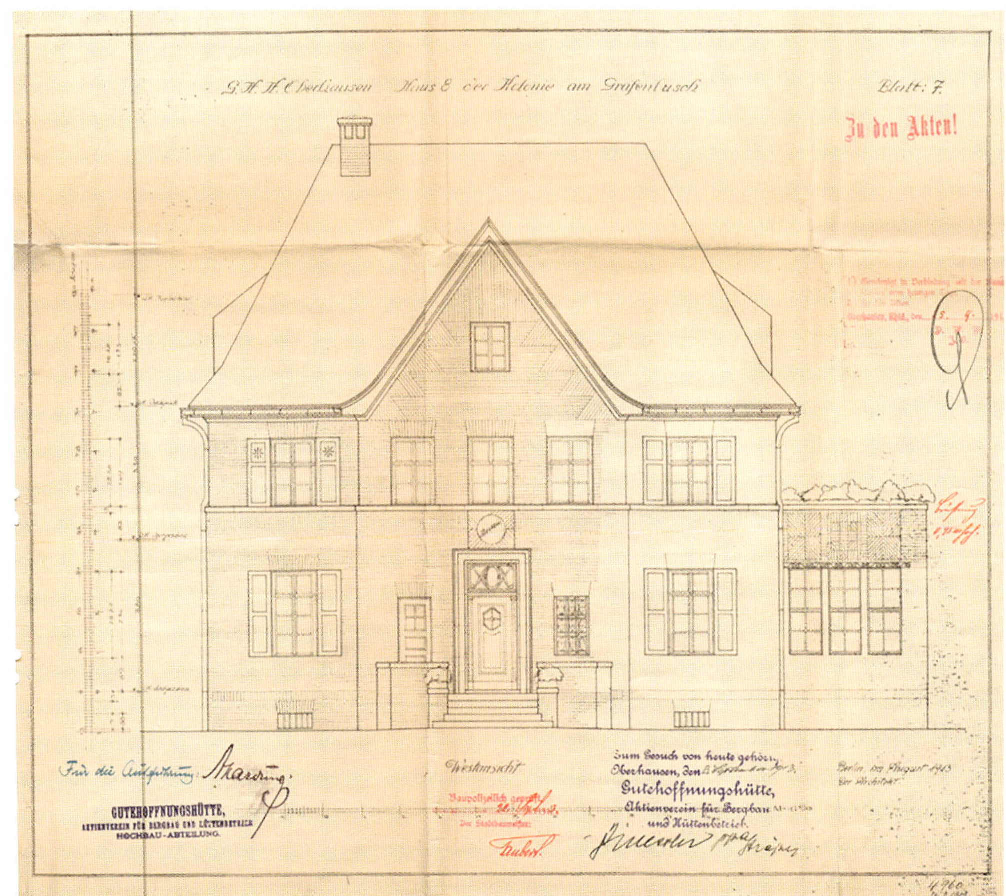

»Eine Siedlung besteht nicht nur aus Häusern, sondern auch aus einer Ausstattung für das kollektive und individuelle Alltagsleben: Wege, Beleuchtung, Wasserleitungen, Abwasser, Läden, Wirtschaft, Elektrizität, Gemeinschaftshaus, Saal zum Feiern, Festplatz im Hof.«

Roland Günter 2017

1910 – 1923 OBERHAUSEN, SIEDLUNG GRAFENBUSCH, AM GRAFENBUSCH 11

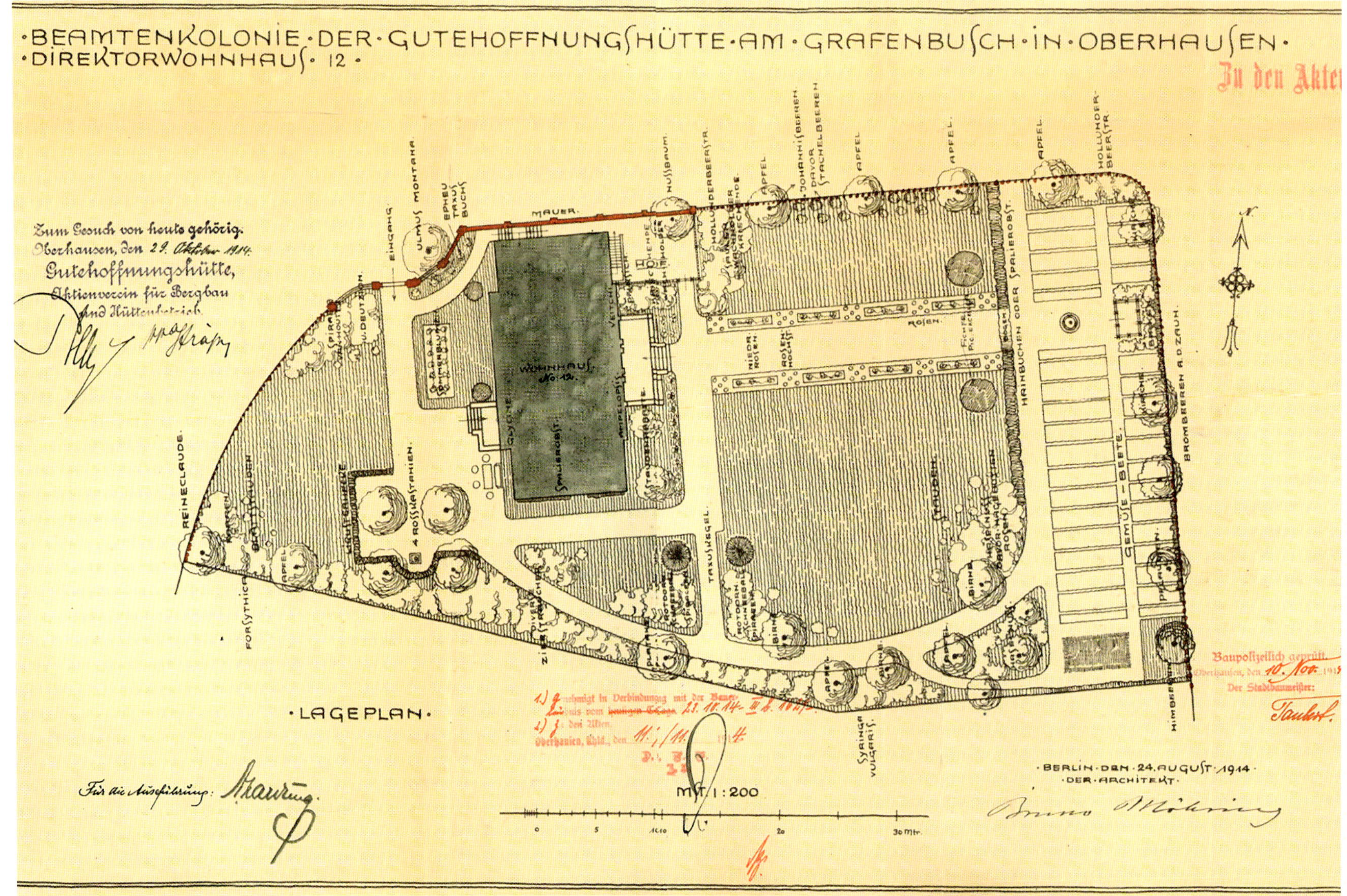

Gartengestaltung für das Haus Am Grafenbusch 11

Am Grafenbusch 7

Am Grafenbusch 10 – 16

Am Grafenbusch 18 – 20

Am Grafenbusch 50 – 52

1910 – 1923 OBERHAUSEN, STEMMERSBERG, GUTE STRASSE 19

»Eine größere Anlage ist das Wohlfahrtshaus in Stemmersberg. Es enthält im Erdgeschoß, das nach der Hofseite hin erstes Stockwerk ist, eine Kleinkinderschule mit drei Speisesälen; im Geschoß darunter eine Koch- und Wirtschaftsschule für heranwachsende, schulentlassene Mädchen und eine Badeanstalt für Frauen und Kinder. Im Obergeschoß sind Wohnungen für den Hausmeister, die Hausmutter und die Lehrerinnen. Im Dachgeschoß befindet sich eine Musterarbeiterwohnung, in der je zwei Mädchen einige Wochen zusammen hausen und wirtschaften sollen, und die außerdem durch ihr vorbildliches Mobiliar den Sinn für gediegene, einfache Wohnungseinrichtung wecken soll. Außerdem befindet sich dort eine Nähschule. Im Innern ist die Halle zu erwähnen, die hier besonders groß und festlich angelegt wurde, da sie zu Veranstaltungen der ganzen Kolonie dienen soll.«

Walter Lehwess 1914

Seitenansicht 1914

1910 – 1923 OBERHAUSEN, VONDERN, GLÜCKAUFSTRASSE 15

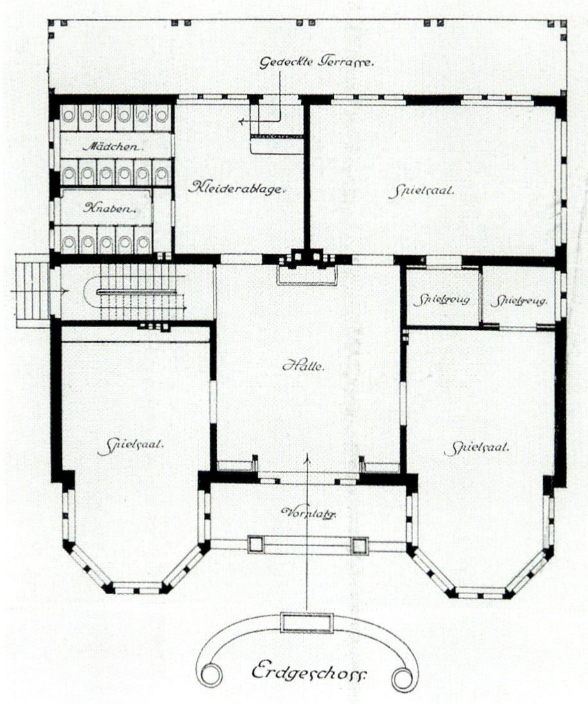

111

Kleinkinderschule der Arbeitersiedlung Vondern, heute in Privatbesitz

WOHLFAHRTSBAUTEN UND BEAMTENHÄUSER DER GUTEHOFFNUNGSHÜTTE IN OBERHAUSEN

Walter Lehwess, Berliner Architekturwelt 1914

Lange nicht bei allen neuzeitlichen Bauaufgaben handelt es sich um Dinge, für die aus älterer Zeit überhaupt keine Vorbilder vorliegen. Dazu gehören z. B. die Wohlfahrtsbauten, die alle größeren industriellen Werke heute brauchen, wie Wohnhäuser für Beamte und Arbeiter, Ledigenheime, Badeanstalten, Verkaufshäuser und Kleinkinderschulen. Denn ein Beamtenwohnhaus unterscheidet sich im Prinzip nicht wesentlich von einem Wohnhaus für andere Menschen des gleichen gesellschaftlichen und Bildungsgrades; eine Kleinkinderschule eines industriellen Werkes nicht wesentlich von einer ähnlichen Privat- oder Gemeindeanstalt. Und doch wird die industrielle Umgebung, in die die Bauten hineinkommen, den Geist der Auftraggeber die Arbeiten des Architekten beeinflussen und der feinfühlige Beobachter wird – wenigstens wenn die Aufgabe voll gelöst ist – den Einfluss des industriellen Geistes herausfühlen. Freilich muss der Architekt, der für die Industrie Bauwerke schaffen will, die wirklich für sie passen, mit dem Leben und Treiben auf den großen Werken einigermaßen vertraut sein; er muss die Leute kennen, für die er schaffen will.

Als Bruno Möhring im Jahre 1909 den Auftrag vom Generaldirektor der GHH in Oberhausen bekam, zunächst für eine von ihr geplante Beamtenkolonie einen Bebauungsplan und Hauspläne zu entwerfen, brauchte er seine Bauherren nicht erst kennen zu lernen, denn er hatte schon seit vielen Jahren mit der GHH gearbeitet und genügend Gelegenheit gehabt, sich mit dem Geist der Schwerindustrie vertraut zu machen. Daher war er am ehesten befähigt, aus diesem Geist heraus Neues zu schaffen. Dem Weitblick aber der Verwaltung des Werkes muss man Anerkennung zollen, dass sie einem Künstler wie Möhring solche Arbeiten übertrug, dessen Name bisher auf ganz anderen Gebieten Klang erworben hatte.

Die Notwendigkeit, Beamtenwohnungen zu schaffen, hatte schon lange bei der GHH bestanden. Denn die kleinen Städte Oberhausen und Sterkrade, in denen die Werke liegen, konnten der wachsenden Beamtenzahl keine passenden Wohnungen bieten. Es waren daher schon früher von der GHH Häuser gebaut worden, in denen die höheren Beamten wohnten. Aber dies waren ganz nüchterne Unternehmerbauten, Stockwerkhäuser ohne künstlerische Absichten. Die Verwaltung der GHH sah ein, dass sie ihren Beamten etwas Besseres bieten müsse, um sich einen arbeitsfreudigen, tüchtigen Beamtenstamm zu erhalten; denn es kann nicht zu den Genüssen des Lebens gerechnet werden, in Oberhausen zwischen den qualmenden Schornsteinen und den Schutthalden der Zechen zu leben. Die GHH entschloss sich daher, ein Wiesengelände, das von der Sterkrader Chaussee, der Eisenbahn und dem Rhein-Herne-Kanal eingeschlossen wird, zur Verfügung zu stellen, um eine Beamtenkolonie, eine Art Gartenstadt, darauf zu errichten. Von der eigentlichen Stadt Oberhausen etwa 15 min entfernt, durch die elektrische Straßenbahn mit ihr verbunden, von der Hauptverwaltung der Hütte ebenfalls in 10 Minuten zu erreichen, an der Sterkrader Chaussee dem sogenannten Schloss Oberhausen mit seinem parkartigen Garten gegenüber gelegen, bietet es alles, was man sich für eine derartige Kolonie wünschen kann.

Der Bebauungsplan zeigt den Entwurf von Bruno Möhring. Die größeren Villen für die Direktoren liegen um einen kleinen viereckigen Platz, ungefähr in der Mitte des Geländes, die übrigen an einer parallel zu den Grenzen verlaufenden Straße, die sich am spitzen Ende des Gebietes zu einer Spielwiese erweitert. Der Platz an der Sterkrader Chaussee gegenüber dem Schloss Oberhausen war für einen später zu errichtenden Wohnsitz für den Generaldirektor in Aussicht genommen, soll aber vorläufig mit öffentlichen Anlagen versehen werden. Im ganzen ist die Kolonie auf etwa 70 Wohnungen berechnet, von denen die größeren in freistehenden Einzelhäusern liegen, während für die kleineren aneinandergebaute Gruppen von zwei und drei Häusern und auch längere Reihen vorgesehen sind. Jeder Wohnung ist ein Garten in reichlicher Abmessung, für die kleinsten von 600 qm Größe, beigegeben.

Es lag nahe, die Kolonie ganz einheitlich zu gestalten, einerlei Material, einerlei Bauformen für sämtliche Häuser zu wählen. Eine solche einheitlich in sich geschlossene Anlage hätte gewiss von sehr guter künstlerischer Wirkung werden können. Aber die Auftraggeber waren von ihren Arbeiterkolonien und den älteren Bauten in Oberhausen an eine Einheitlichkeit gewöhnt, die zur Eintönigkeit ward. Daher kann man sich nicht wundern, wenn sie gerade in einer recht lebendigen Mannigfaltigkeit der äußeren Erscheinung ihr Ideal sahen. Es sollte unbedingt der Eindruck schablonenmäßiger Wiederholung eines und desselben Haustyps vermieden werden. Der Architekt konnte sich diesen Wünschen umso leichter fügen, als er gerade in der Zusammenfassung des Ganzen zu einer Einheit trotz der Verschiedenheit der einzelnen Elemente eine lockende Aufgabe erblickte. Dieses ist freilich schwieriger als die Erzielung einer äußerlichen Einheit durch Anwendung der gleichen Materialien und derselben Formen in der ganzen Kolonie. Wie weit ihm der einheitliche Eindruck gelungen ist, lässt sich aus den beigegebenen Abbildungen nur ahnen. Erst wenn die Kolonie voll ausgebaut ist, wird der Zusammenklang der verschiedenen Weisen voll zur Geltung kommen.

Einige der Häuser sind in Putz, andere als weißgefugte Backsteinbauten aus holländischen Ziegeln von dunkelrotbrauner Farbe ausgeführt. Da Putzbauten in dem feuchten Klima und bei der außergewöhnlich rußigen Atmosphäre des Ortes sehr bald unansehnlich werden, wogegen Ziegelbauten zwar nachdunkeln, dabei doch aber immer ein gutes Aussehen bewahren, wollte Möhring ursprünglich alle Häuser mit den holländischen Ziegeln verblenden. Aber hierbei galt es, erst eine festgewurzelte Abneigung gegen diese Bauweise zu überwinden, da es den Auftraggebern die schmucken, weißverputzten Häuschen süddeutscher Kleinhaussiedlungen angetan hatten. So wurden denn zuerst zwei Häuser in Putz und eins in Backstein gebaut. Das Backsteinhaus wurde weiß verfugt, ebenso der Dachüberstand weiß gestrichen. Die Fenster erhielten breite, beinahe mit der Vorderfläche der Mauer bündig liegende Umrahmungen. Als Schmuck dienten einige wenige Terrakotten. Hier sind zwei größere Häuser für Direktoren wiedergegeben, die an dem viereckigen Platz in der Mitte der Kolonie liegen. Jedes enthält im Erdgeschoß vier Zimmer mit Küche und Nebenräumen, eine Glasveranda und einen Vorraum mit Kleiderablage. Im Ober- und Dachgeschoß sind noch je sieben Schlaf- und Fremdenzimmer nebst Mädchenkammern, Trockenboden und allem, was zu einer auskömmlichen Wohnung gehört. Die Wünsche der Bewohner sind, so weit es ging, berücksichtigt worden. Sie zielten insbesondere stets auf eine möglichst repräsentative Anlage der Gesellschafts- und Wohnzimmer im Erdgeschoß ab, die durch Schiebetüren verbunden sein sollten. Denn eine ausgiebige Geselligkeit im Hause muss denen, die ihr

Beruf an eine Stadt bindet, die so wenig Anregung bietet wie Oberhausen, vieles andere ersetzen.

Ebenfalls werden kleinere Häuser für Oberingenieure oder Prokuristen der Firma gezeigt. Sie enthalten acht Zimmer und alle nötigen Wirtschaftsräume. Bei dem Haus Romeiser ist auf besonderen Wunsch des Nutznießers die Küche in den Keller verlegt worden, wodurch zwar Wohnraum im Erdgeschoß ohne beträchtliche Erhöhung der Kosten gewonnen ist, aber eine Wohnung entsteht, die durch vier Geschoße (das Dachgeschoß, das zwei Zimmer enthält, mitgerechnet) geht. Diese Größe von Häusern kann naturgemäß billiger hergestellt werden, wenn wenigstens zwei aneinander gebaut werden. Der Wunsch der Bewohner ging aber immer mehr auf ein Einzelwohnhaus aus, in dem sie abgesonderter und ungestörter zu leben glauben.

Neben diesem großen Projekt der Beamtenkolonie, deren Ausbau auf eine Reihe von Jahren berechnet ist, hat die GHH auch eine Anzahl von Kleinkinderschulen nach Möhrings Plänen gebaut. Die Arbeiter des Werkes sind zum großen Teil in Arbeiterkolonien untergebracht, die bei den oft weit von jeder anderen menschlichen Ansiedlung entfernten Zechen liegen. Viele dieser Kolonien stammen schon aus älterer Zeit – die erste wurde 1844 gegründet – und sind ohne künstlerisches Interesse. Bei den neueren ist der Versuch gemacht, durch Anlehnung an gute Vorbilder auch etwas Geschmackvolles und Anheimelndes zustande zu bringen. Von Künstlerhand entworfene und durchgeführte Arbeiterkolonien besitzt die GHH bisher noch nicht. Die Kleinkinderschulen sollen nicht nur den noch nicht schulpflichtigen Kindern, deren Mütter auf Arbeit gehen, das Elternhaus tagsüber ersetzen, sondern sie sollen gleichzeitig einen Mittelpunkt für die Kolonie bilden und den freudlosen Eindruck dieser Siedlungen beleben und verschönern. Daher wurde besonderer Wert darauf gelegt, dass sie auch äußerlich bei aller Bescheidenheit der Mittel ansehnlich und würdig auftreten, wobei noch der ländliche Charakter der Siedlungen zu berücksichtigen war. Die größere Schule in der Kolonie Vonderbruch trifft wohl den ländlichen Charakter am besten. Drei große Spielsäle liegen um eine bis ins Dachgeschoß durchgehende Halle, daneben sind Kleiderablagen, Waschraum usw. angeordnet. Im ausgebauten Dachgeschoß liegen Wohnungen für die Lehrerinnen, deren jede ein geräumiges Wohnzimmer und daran anschließend ein kleines Schlafkämmerchen bekommt, das durch einen Bogen und Vorhang vom Wohnzimmer abgetrennt ist. Die Lehrerinnen wohnen in diesen Arbeiterkolonien – zum Teil mit ausschließlich polnischer Bevölkerung – fast ganz vom Verkehr mit anderen gebildeten Menschen abgeschlossen. Ein freundliches und trauliches Heim muss ihnen daher vieles ersetzen, was sie entbehren. Halle und Speisesäle sind lustig mit harmloser Malerei ausgestattet, die anregend auf die Phantasie der Kleinen wirken soll.

Eine größere Anlage ist das Wohlfahrtshaus in Stemmersberg. Es enthält im Erdgeschoß ebenfalls eine Kleinkinderschule mit drei Speisesälen; im Geschoß darunter eine Koch- und Wirtschaftsschule für heranwachsende, schulentlassene Mädchen und eine Badeanstalt für Frauen und Kinder.

Im Obergeschoß sind Wohnungen für den Hausmeister, die Hausmutter und die Lehrerinnen, im Dachgeschoß endlich eine Musterarbeiterwohnung, in der je zwei junge Mädchen einige Wochen zusammen hausen und wirtschaften sollen, und die außerdem durch ihr vorbildliches Mobiliar den Sinn für gediegene, einfache Wohnungseinrichtung wecken soll.

Außerdem befindet sich dort eine Nähschule. Hoch und stattlich erhebt sich der Bau auf einem Hügel und beherrscht die Umgegend. Im Innern ist die Halle zu erwähnen, die hier besonders groß und festlich angelegt wurde, weil sie zu Weihnachtsfeiern und anderen Veranstaltungen der ganzen Kolonie dienen soll. Buntgestrichenes Holzwerk, ebensolche Beleuchtungskörper geben ihr einen fröhlichen Anstrich.

Siedlung Am Grafenbusch

1912 – 1913 BERLIN-TEMPELHOF, DREIBUNDSTRASSE (HEUTE DUDENSTRASSE 9)

116

Bauherr: Tempelhofer Feld AG | Architekt (Fassadengestaltung): Bruno Möhring | Bauleitung: Hermann Speck

1912 – 1913 BERLIN-TEMPELHOF, DREIBUNDSTRASSE (HEUTE DUDENSTRASSE 9)

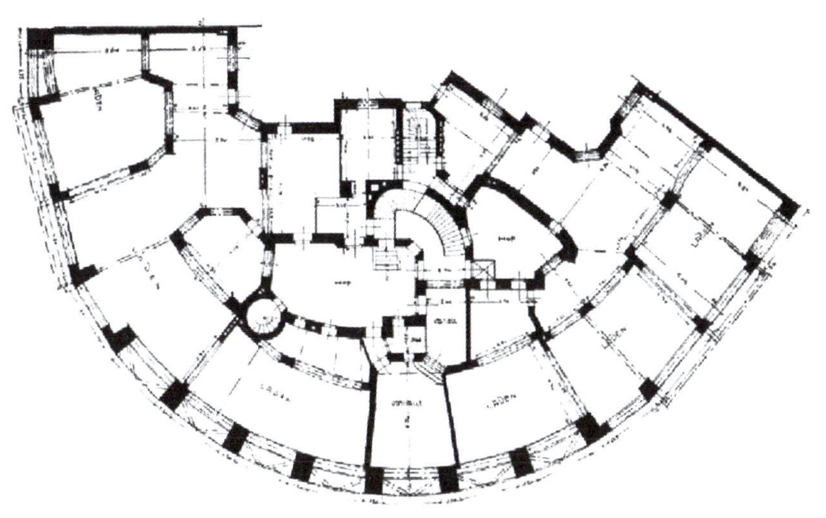

Obergeschoss

Ansicht 1913

»... Wesentlich schwerer gestaltet sich jedoch eine solche Lösung da, wo durch Bauten, die ihrem Wesen nach keine günstigen Vorbedingungen für gesteigerte Wirkung haben, ein besonderer Auftakt gegeben werden soll, wie bei der Bebauung des Tempelhofer Feldes. Hier stand Möhring zur Erzielung der verlangten bedeutsamen Wirkung weiter nichts zur Verfügung als bessere Wohnhausbauten an zwei Blockanfängen. Möhring schuf Rundbauten und erzielte Leistungen, die sowohl durch die Wirkung als auch durch den Mut zur Konsequenz sobald nicht übertroffen werden.«

Henry Groß 1914

Eingangshalle

Treppenhaus

Eingangshalle

1912 – 1913 BERLIN-TEMPELHOF, DREIBUNDSTRASSE (HEUTE DUDENSTRASSE 9)

1918 – 1919 LAUCHHAMMER, GRUNDHOF SIEDLUNG

1918 – 1919 LAUCHHAMMER, GRUNDHOF SIEDLUNG

Straßenansicht

Hofansicht

Bauherr: Braunkohlen-Brikett-Industrie AG, Berlin | Architekt: Bruno Möhring und Rudolph Eberstadt

Bauausführung: Gärtner & Sohn, Bockwitz

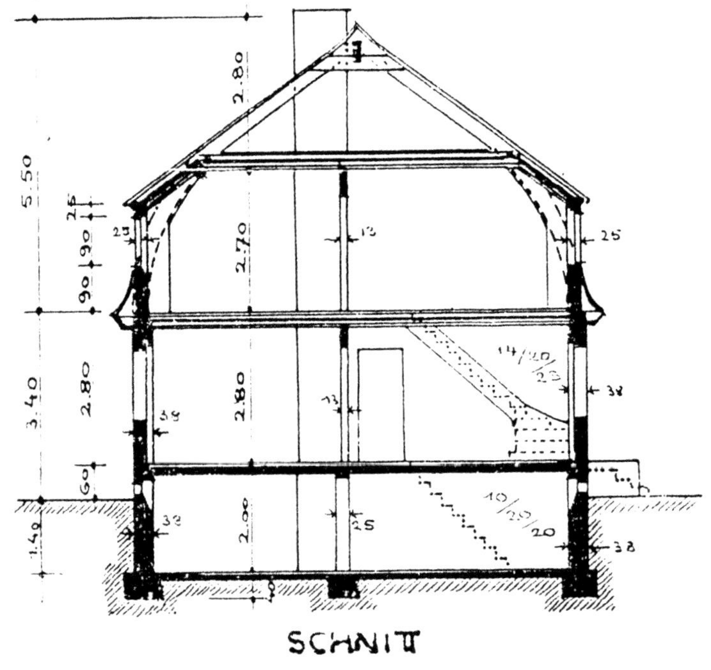

Heimatkalender für den Kreis Liebenwerda 1920:

»Über die Kolonie Grundhof, deren Besichtigung sich lohnt, ist folgendes zu sagen:

Die Gebäude sind als Reihenhäuser nach den Plänen und Zeichnungen von Möhring und Eberstadt errichtet und im Herbst 1919 bezogen worden. Alle Häuser sind vollständig massiv in Ziegelsteinen mit farbig bespritzter Kalkputz-Fassade hergestellt und mit roten Biberschwänzen als Doppeldach eingedeckt. Die Anordnung ist in allen Wohnungen gleich praktisch und man hofft, die Bewohner damit an ein gemütliches Heim fesseln zu können. Neben dem Eingang befindet sich die geräumige Wohnküche und Wohnstube, im Obergeschoß ist eine Schlafstube und eine Kammer. Beide Zimmer sind durch einen in der Trennwand aufgestellten Ofen beheizbar. Alle Wohnungen haben elektrisches Licht und Anschluß an die öffentliche Wasserleitung. Die Mieten für die Einfamilienwohnungen sind so niedrig wie möglich festgesetzt.«

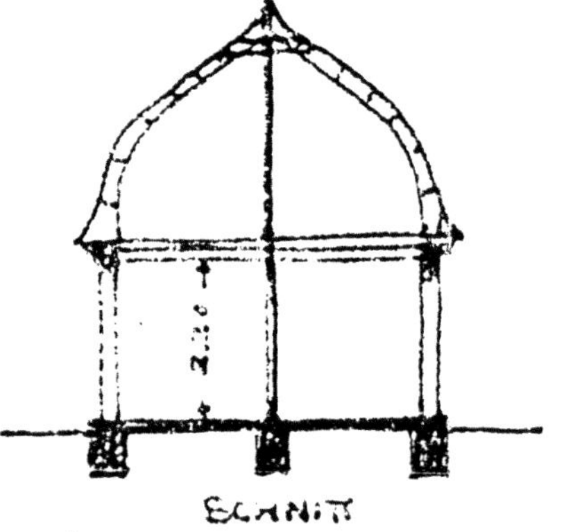

BERLIN, D. 17. DEZ. 19
DER ARCHITEKT:
Bruno Möhring

FÜR DIE AUSFÜHRUNG:

Dezember 1922

STADTBAUKUNST
ALTER UND NEUER ZEIT

Monatsschrift * Herausgegeben von
Cornelius Gurlitt und Bruno Möhring

Heft 14 / 1922 * Schriftleitung: Walter Lehwess * Bezugspreis: 30 M. vierteljährlich

Einzelpreis: 12,00 Mark das Heft

„Der Zirkel", Architekturverlag G. m. b. H., Berlin W, Wilhelmstraße 48

ZONENBEBAUUNG ODER GEMISCHTE BEBAUUNG?

Ein Beitrag zur Lösung der Wohnungsfrage in Großstädten*)

Von BRUNO MÖHRING

> Die beiden Grundlagen einer erträglichen Zusammenballung der Menschenmassen, die Struktur der Einzelzelle und die gesunde Disposition des Ganzen, waren das, was ungelöst geblieben war, deshalb mußten alle Einzelleistungen versagen.
>
> FRITZ SCHUMACHER.
>
> Vortrag auf dem Hamburger Weltwirtschaftskongreß.

In allen Großstädten der Welt ist die menschenwürdige Unterbringung der Massen eine der dringendsten und schwierigsten Aufgaben. Wir Deutschen glaubten auf dem Wege zu sein, das Wohnungswesen der großen Städte gründlich zu verbessern. Nach sorgfältigen Studien wurden neue Vorschriften erlassen, die scharf in die vorhandenen Zustände eingriffen, aber der Weltkrieg und seine Folgen

folglich übermäßige Unkosten für die Arbeitszeit bei geringer Leistung. Nur wenn Haus und Garten in der Nähe der Arbeitsstätten liegen, ist eine Siedelung wirtschaftlich. In der Großstadt aber ist die Ausbreitung der Bevölkerung auf weite, dünn bewohnte Strecken, auf einzelne verstreute Siedelungen eine Vergeudung von Kraft, Zeit und Geld, die wir uns heute nicht mehr leisten dürfen.

STADTBAUKUNST, HEFT 14, 1922

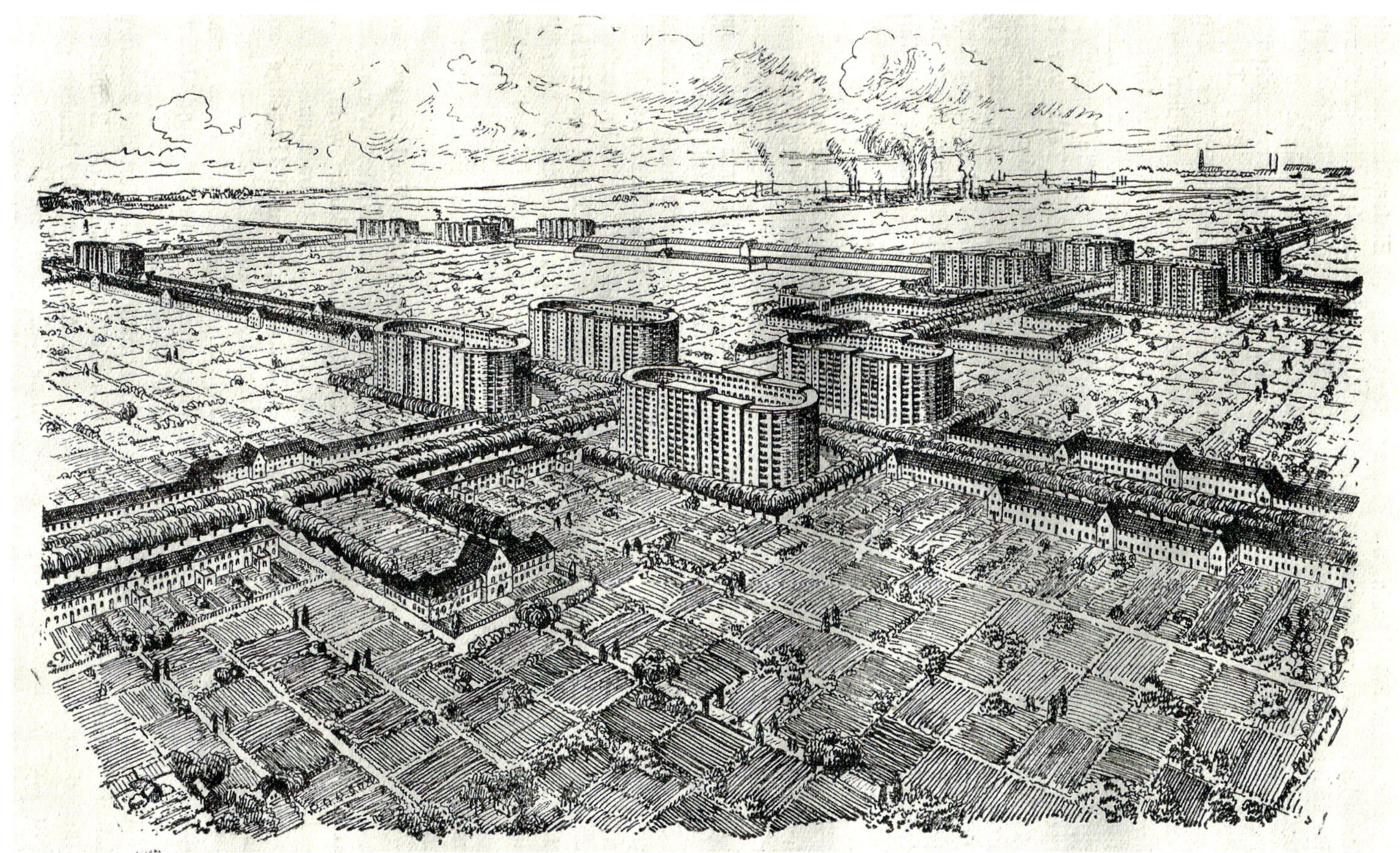

Möhring schrieb 1922:

»Die Hauptforderungen liegen auf dem Gebiet der Hygiene und Wirtschaftlichkeit.

1. Herstellung möglichst gesunder Wohnungen.
2. Durchdringung der Stadt mit Freiflächen und Gärten.
3. Bekämpfung der Staub- und Rauchplage und Beseitigung des Unrats.
4. Praktische und billige Herstellung der kleinen und mittleren Wohnungen.
5. Vernünftige Anlage des Straßennetzes und Lösung der Verkehrslage.

Eine gesunde Wohnung soll trocken sein, im Winter warm und im Sommer kühl. Sie soll in sauerstoffreicher Luft liegen, also möglichst im Grünen.«

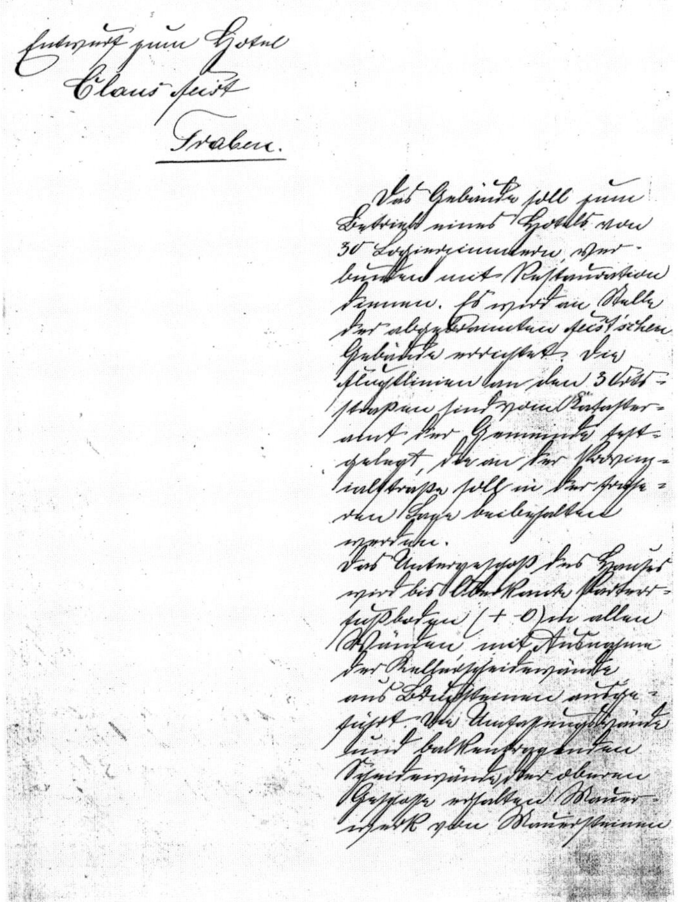

Baubeschreibung

Entwurf zum Hotel Clauss Feist Traben

Das Gebäude soll zum Betrieb eines Hotels von 30 Logierzimmern, verbunden mit Restauration dienen. Es wird an Stelle der abgebrannten Feistschen Gebäude errichtet. Die Fluchtlinien an den 3 Ortsstraßen sind vom Katasteramt der Gemeinde festgelegt, die an der Provinzialstraße soll in der aeusseren Lage beibehalten werden. Das Untergeschoß des Hauses wird bis zur Oberkante Parterre Fußboden (+- 0) in allen Wänden, mit Ausnahme der Kellerscheidewände aus Bruchsteinen ausgeführt. Die Umfassungswände und balkenkreuzenden Scheidewände der oberen Geschosse erhalten Mauerwerk von Mauersteinen.

ÖFFENTLICHE UND GEWERBLICH GENUTZTE BAUTEN

ÖFFENTLICHE UND GEWERBLICH GENUTZTE BAUTEN

Seite 124: Baubeschreibung Hotel Clauss Feist, Traben, 1. April 1902 | Seite 125: Berlin, Rathaus Nikolassee, Warteraum

HOTEL
Hotel Bellevue
Restaurant
Clauss Feist

1903 TRABEN, HOTEL CLAUSS FEIST

Baubeschreibung: Entwurf zum Hotel Clauss Feist, Traben

Das Gebäude soll zum Betrieb eines Hotels von 30 Logierzimmern verbunden mit Restauration dienen. Es wird an Stelle des abgebrannten Feistschen Gebäudes errichtet. Die Fluchtlinien an den Ortsstraßen sind vom Katasteramt der Gemeinde festgelegt, die an der Provinzialstraße sollen in der äußeren Lage beibehalten werden. Das Untergeschoß wird bis zur Oberkante Parterre Fußboden in allen Wänden mit Bruchsteinen ausgeführt. Ein geringer Teil der Umfassungswände im 2ten Stock wird in Fachwerk hergestellt. Für die Keller, den Pferdestall sowie die Räume an der Terrasse und an der Marktgasse sind massive, waagerechte Decken vorgesehen. Aborte, Bad und Spülvorrichtung erhalten in den beiden bereits vorhandenen Kanälen Abfluss. Für die Aborte ist Wasserspülung vorgesehen. Das Dach und ein Teil der Frontmauer werden mit Schiefer gedeckt.

Berlin/Traben, den 1. April 1902 Bruno Möhring, Architekt Richard Feist, Eigentümer

Bauherr: Richard Feist | Architekt : Bruno Möhring | Möbiliar: Joseph Olbrich, Darmstadt

Wandmalerei: Karl Biese, Hamburg; Adolph Eckhardt, Berlin | Steinbildhauer: Bernhard Wendhut, Traben

Den Hauptschmuck des Speisesaals bildet ein großes Landschaftsbild über dem Kamin von Karl Biese (1863–1926).

Das »Turiner« Fenster: Es stammt von der Internationalen Ausstellung für Dekorative Kunst 1902 in Turin.

Lampe im Eingangsbereich des Hotels.

1906 MILDENAU (PL), GUT MILDENAU

Gartenansicht

Entwurf von Möhring 1906

Bauherr: Hermann August Wilhelm von Vahl | Architekt (Umbau): Bruno Möhring | Bauleitung: Dr. Emil Walter, Berlin

heute: Kinderheim des Landes

1906 TRARBACH, KELLEREI JULIUS KAYSER

Bauherr: Julius Kayser, Trarbach | Architekt: Bruno Möhring | Bildhauer: Hans Latt, Berlin

»Bisher hatte man noch nie versucht, den großen Kellereien des Mosel- und Rheinlandes eine künstlerische Form zu geben. Die Aufgabe, ein solches mehrstöckiges Gebäude künstlerisch zu behandeln, war daher eine durchaus neue. Möhring hat versucht, die Wucht der großen dicken Mauern durch sich selbst wirken zu lassen, durch teilweise Verwendung des heimischen Schieferbruchsteins und durch zwei seitliche kupfergedeckte Turmbauten die Wirkung noch zu verstärken.«

Walter Lehwess, 1910

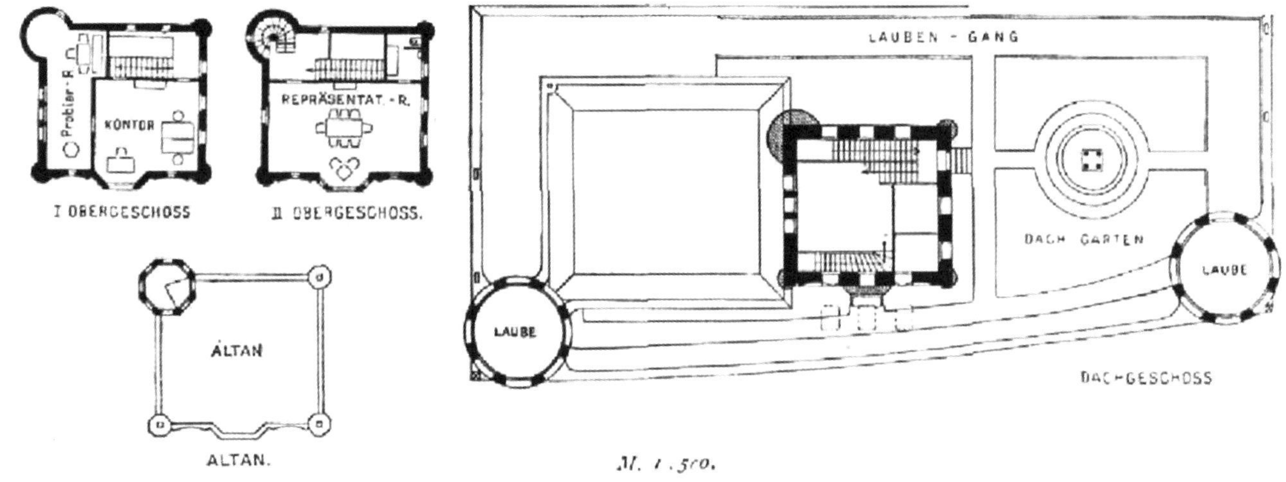

Grundriss des Dachgeschosses

1907: Empfangszimmer

Probierstube

Probierstube

Bruno Möhring: Zeichnung aus der Vogelperspektive 1906

Möhrings Entwurfszeichnung für den Erweiterungsbau 1906

Möhrings Entwurf für einen großen Anbau,
gezeigt auf der Großen Kunstausstellung in Berlin 1908

Bauherr: Mannesmann AG, Düsseldorf | Architekt (Erweiterungsbau): Bruno Möhring

1906 TRARBACH, FELSENQUELLE

Bruno Möhring: Entwurf Ostseite

1908 STRIEGAU (PL), PRÄPARANDENANSTALT

Präparandenanstalt

Turnhalle

Bauherr: Evangelische Kirche, Striegau | Architekt: Bruno Möhring

Ganz schlicht präsentierten sich die beiden Bauten in Striegau. Hier musste Möhring mit geringen Mitteln auskommen und sich daher auf ganz einfache Putzbauten, aber mit reichlicher Verwendung von schlesischem Granit, beschränken. Die Gebäude sind heute beide gut erhalten.

Die Rheineck-Apotheke heute

1908 BERLIN-STEGLITZ, RHEINECK-APOTHEKE

140

Berliner Architekturwelt 1910

Bauherr: Alfred Wolfenstein

Apotheker: Theodor Jacobs

Architekt: Bruno Möhring

Mobiliar: Gebrüder Raabe, Berlin

Metallarbeiten: Victor Hillmer, Berlin

Detail über der Tür

1912 BERLIN-NIKOLASSEE, RATHAUS NIKOLASSEE

Bauherr: Heimstätten AG | Architekt: Bruno Möhring | Bauausführung: R. Smigula & Co, Berlin | Malerei: August Unger

1912 BERLIN-NIKOLASSEE, RATHAUS NIKOLASSEE

Treppenhaus

Eingangstür, Oberlicht

»Wer Bruno Möhring bisher als Ausstellungsarchitekten und Brückenbauer kennengelernt hat, dem zeigt er hier, wie ein Künstler, dem die architektonische Form das Höchste ist, der die kalte, lediglich auf Zweckerfüllung bedachte Sachlichkeitskunst der letzten Zeit bewusst ablehnt, sich mit Aufgaben abfindet, die eigentlich reine Nutzbauten sind. Denn auch das Rathaus Nikolassee musste mit bescheidenen Mitteln geschaffen werden und es ist trotzdem etwas Fesselndes entstanden.«

Walter Lehwess 1914

DER BAU DES RATHAUSES NIKOLASSEE

»Die mit der Bildung der Landgemeinde Nikolassee gewählte Gemeindevertretung hatte sich nach der Konstituierung am 25. April 1910 zuerst um die finanzielle Grundlage der neuen Gemeinde zu kümmern. Mangels eines Gemeindehauses bzw. eines Rathauses musste sie ihre Sitzungen vorerst im Heinroth'schen Lokal gegenüber dem Bahnhof Nikolassee abhalten. So war es nicht überraschend, dass schon in der vierten Sitzung der Gemeindevertretung am 21. Juni 1910 über einen Neubau des Rathauses beraten wurde. In diesem Zusammenhang war auch eine Übereinkunft mit der Heimstätten-Aktien-Gesellschaft erforderlich. Bei der Anlegung der Villenkolonie Nikolassee war die HAG verpflichtet worden, ein Gemeindehaus, ein Gefängnis und ein Feuerwehr-Depot zu bauen. Es wurde eine Rathausbaukommission gebildet und dieser lagen am 20. September 1910 einige Entwürfe, darunter der des Professors Möhring zur Einsicht vor. Es wurde beschlossen, Prof. Bruno Möhring und Carl Eduard Bangert zur Vorlage von modifizierten neuen Entwürfen gegen Bezahlung aufzufordern.

Am 25. Januar 1911 empfahl die Rathauskommission, der ›Ausführung des Rathausbaus das Projekt des Professors Möhring zugrunde zu legen‹. Zu diesem Zeitpunkt lagen die geschätzten Gesamtkosten bei 171 000 Mark. Der Auftrag an Möhring zum Bau des Rathauses umfasste die Vorarbeiten und die Ausführungsarbeiten. Im Dezember 1912 fand die Rohbauabnahme statt und am 30. Juni 1913 konnten die Nikolasseer den Neubau im Rahmen eines ›Tages der Offenen Tür‹ besichtigen. Am 15. Oktober 1913 tagte die Gemeindevertretung erstmals im neuen Rathaussitzungssaal. Über die Endabrechnung beriet die Gemeindevertretung am 17. Juni 1914. Die Gesamtkosten betrugen 258 321,36 Mark.«

Auszüge aus dem Zehlendorfer Heimatbrief 1/2010

1913 BURG (SPREEWALD), BISMARCKTURM

Bauherr: Burger Spreewaldverein | Architekt: Bruno Möhring | Bauleitung: Hermann Hauke, Cottbus

Eisenguss: Hermann Hosaeus, Berlin | Stiftertafeln: Georg Roch, Hermann Feuerhahn, Berlin | Majolika: Ernst Teichert GmbH, Meißen

1913 BURG (SPREEWALD), BISMARCKTURM

Zeichnung des Turms

Nische mit Bismarck-Büste

Mai 1900	Planung eines Spreewald-Aussichtsturms.
Mai 1910	Aufruf, den Bau eines Aussichtsturms finanziell zu unterstützen.
Herbst 1911	Der Baufond ist auf 15.000 Mark angewachsen.
Herbst 1913	Kauf des Geländes am Schlossberg.
Frühjahr 1915	Baubeginn Für den Turm wurden 1,5 Millionen rote Calauer Klinkersteine verbaut. Gesamtkosten: 70.000 Mark inkl. Honorar.

1917 Fertigstellung des 27 m hohen Turms,
2. September 1917 Einweihung.

1913 WETTBEWERB: DEUTSCHE BOTSCHAFT, WASHINGTON (USA), (ENTWURF)

Ansicht von der Straßenseite

Ansicht von der Gartenseite

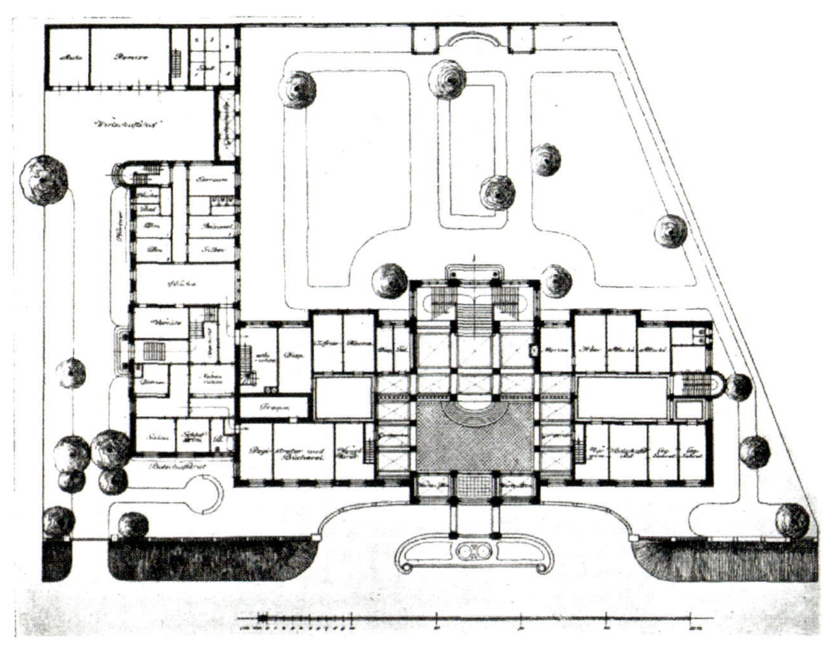

Erdgeschoss

»Der im Sommer des Jahres 1913 ausgefochtene baukünstlerische Wettkampf um Skizzen für ein Botschaftsgebäude in Washington war mit einer außerordentlich hohen Zahl von 272 Entwürfen beschickt. Der Wettbewerb war ausdrücklich als Ideenwettbewerb ausgeschrieben.

Möhrings Entwurf belegte den ersten Platz.

Sein Entwurf vereinte die repräsentativen Fest- und Wohnräume in dem nach der Straße liegenden bedeutungsvolleren Gebäudetrakt und die Wohn- und Schlafräume für das Botschafterpaar in den zum Garten liegenden rückwärtigen Wohnflügel. Die Verbindung zwischen beiden Raumgruppen bildete der Salon der Botschafterin mit kleinem Speisesaal sowie einer Diele.«

Ernst Spindler 1914

1917 MÖWENORT (RUS), DORFKRUG – GASTHAUS LAPPÖHN

Gaſthaus Carl Lappöhn

Juwendt

Herrliche Lage am Haff
Friedrichsgraben
Dampferhalteſtelle
Poſtagentur
Moderne Fremdenzimmer
Gute Küche
Solide Preiſe

Touriſten und Geſellſchaften zur Einkehr beſtens empfohlen

»Das Gasthaus ist während des Krieges aus dem Trümmerhaufen neu erstanden. Für den Wiederaufbau der zerstörten Landesteile ist es von Bedeutung, daß Baukünstler vom Rufe eines Bruno Möhring beteiligt sind. Das beweist auch der Entwurf zum Dorfkrug in Juwendt. Berliner Achitektur passt natürlich nicht nach Juwendt, doch der Entwurf läßt das Gebäude über seinen eigentlichen Nutzwert hinauswachsen. In diesem Hause sind untergebracht nicht nur der Dorfkrug mit Saal, Bauernstube etc. und die erforderlichen Nebenräume, sondern auch ein Verkaufsladen, eine Poststelle und die Wohnung des Besitzers. Die Hauptschwierigkeit in diesem Entwurf, die Trennung der einzelnen Betriebszweige, ist vortrefflich gelöst.«

Louis Strunk 1918

Bauherr: Carl Lappöhn | Architekt: Bruno Möhring

Das Gebäude existiert heute nur noch als Ruine. Juwendt hat den Ortsnamen in seiner wechselvollen Geschichte mehrmals geändert. Von 1938 bis 1945 Möwenort, heißt es heute Rasino.

Entwurf: Bruno Möhring und Hans Spitzner

1919 TRARBACH, KRIEGERDENKMAL (ENTWURF)

Anstelle des Kriegerdenkmals von 1870/71 sollte auf dem Burgberg ein Mahnmal zu Ehren der Gefallenen des Ersten Weltkriegs errichtet werden.

»Neben all den bekannten Gebäuden in Traben und Trarbach sei noch eine Skizze erwähnt. Diese zeigt den Entwurf eines Kriegerdenkmals und stellt in wuchtiger Anordnung eine offene Pfeilerwandelhalle zu Ehren der Gefallenen des Ersten Weltkrieges dar.«

Klaus Freckmann 1973

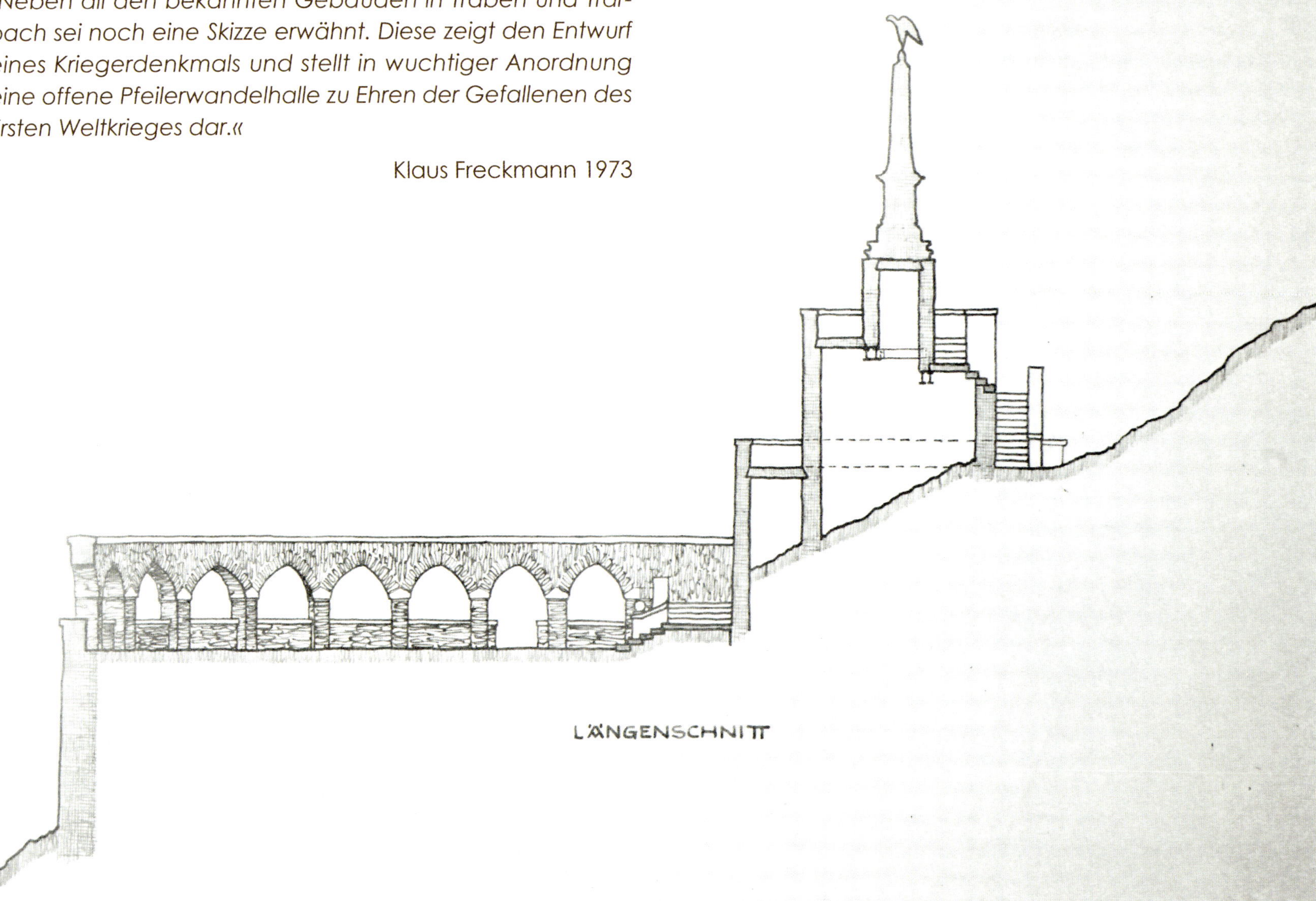

1919 TRARBACH, KRIEGERDENKMAL (ENTWURF)

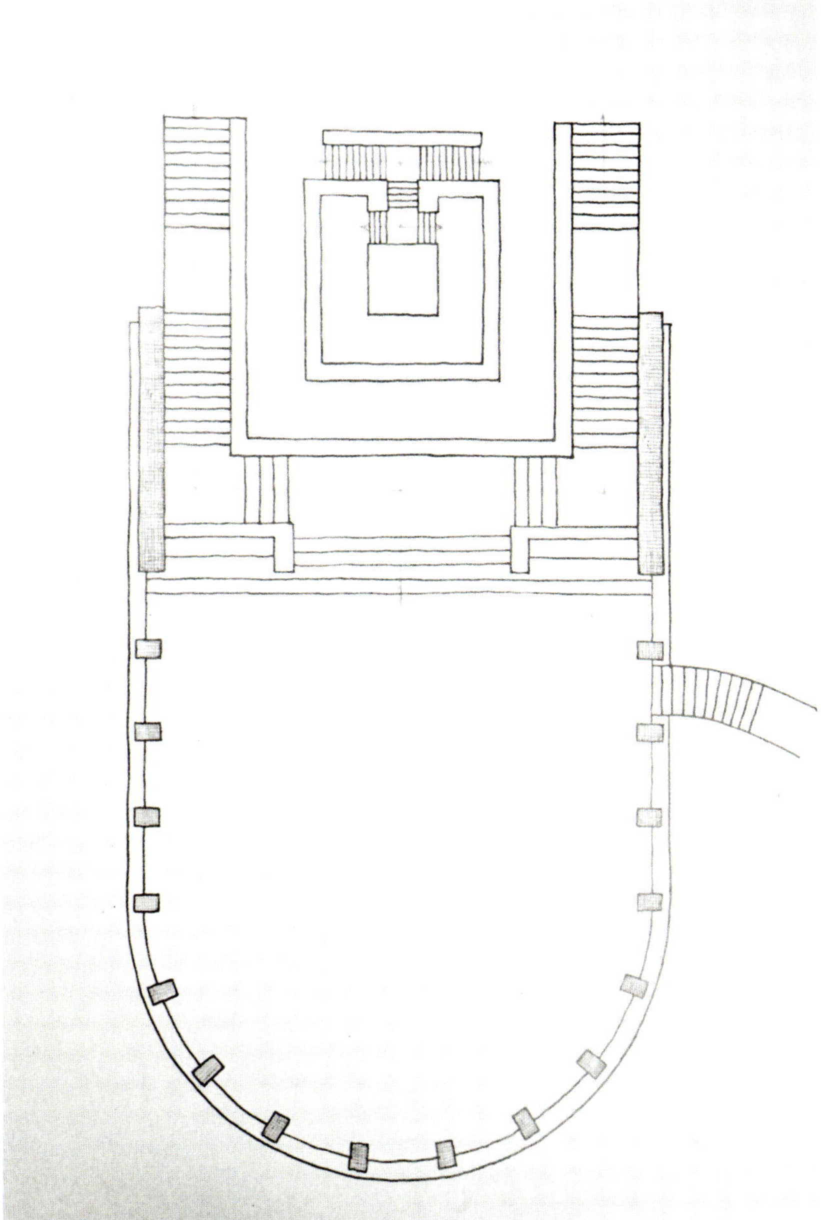

GRUNDRISS

VORDERANSICHT

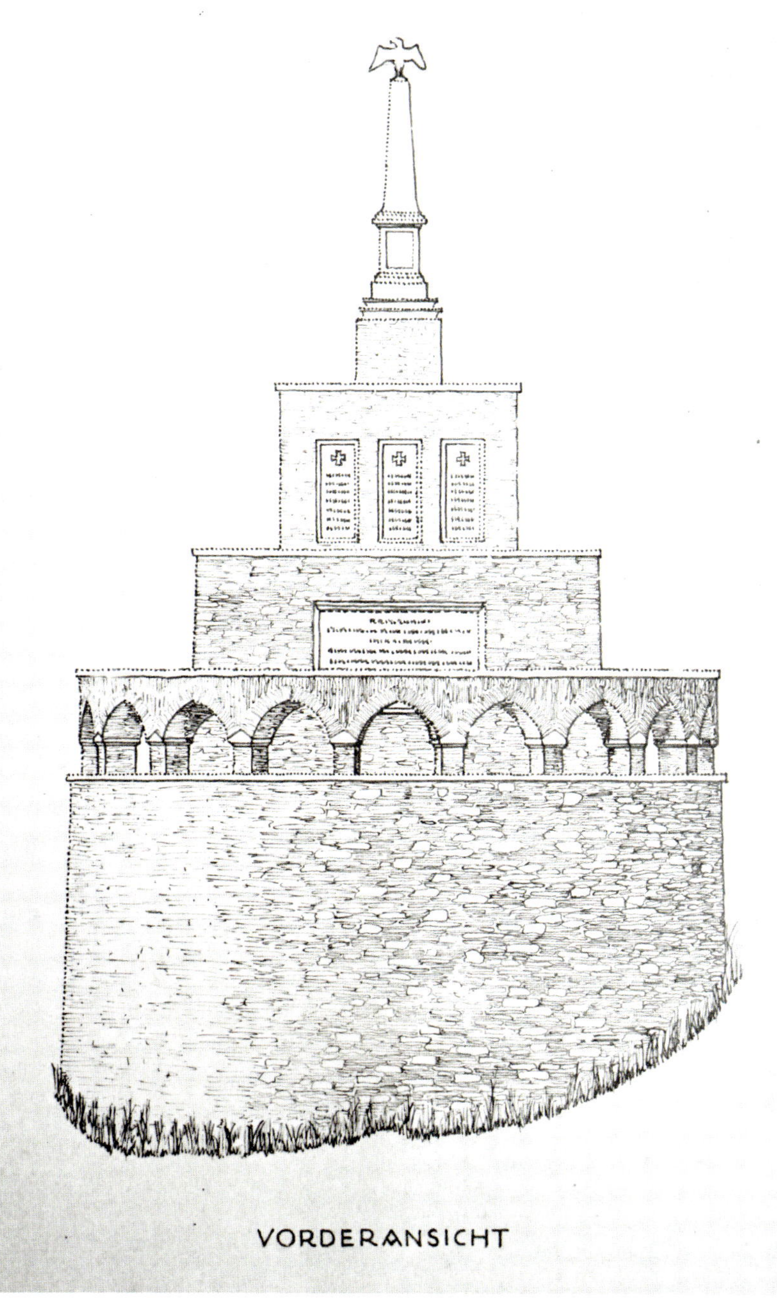

1927 NEU-BENTSCHEN (PL), WASSERTURM

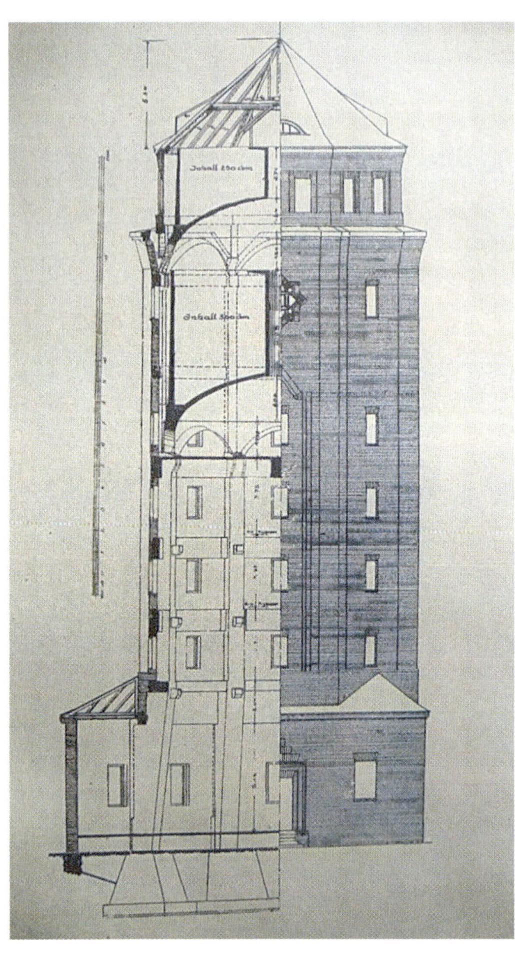

Der Wasserturm steht auf dem Gelände des ehemaligen Grenz- und Zollbahnhofs der Siedlung Neu-Bentschen. Die Eisenbahnanlagen wurden zwischen 1923 und 1935 errichtet und der Turm 1927 nach Möhrings Entwürfen gebaut.

Der Turm ist 33 m hoch, fasst in zwei Wassertanks ca. 750 000 Liter und ist heute ein weithin sichtbares Wahrzeichen der Stadt.

Bauherr: Reichsbahndirektion Berlin | Architekt: Bruno Möhring | Eisenkonstruktion: Polensky & Zöllner, Driesen

Der Wasserturm in Neu Bentschen

Duplikat.

GEORG ROCH BILDHAUER

BERLIN W30 EISENACHERSTRASSE 103

TELEFON LÜTZOW 7144

BANK-KONTO
DRESDNER BANK
MOTZSTR. 66

POSTSCHECK
KONTO Nr. 47740
BERLIN NW 7

12.3.1921.

~~KOSTENANSCHLAG~~

R E C H N U N G .

über gelieferte Bildhauerarbeiten für die Kirche in Marienfelde z.H.
H errn Professor Bruno M ö h r i n g .

Für die Herstellung einer ca. 2 m grossen schweben-
den Engelsfigur in der Türbogenfüllung einschliessl.
Schrift und Gräberkreuze, sowie Anfertigung von 4 Stck.
Konsolendigungen lt. Offerte v. 28.11.20. 3000.--Mk.

Geprüft Berlin d. 19.4.21

SAKRALBAUTEN

SAKRALBAUTEN

Seite 154: Rechnung Georg Roch, 12.3.1921 | 155: Berlin, Friedhofskapelle Marienfelde

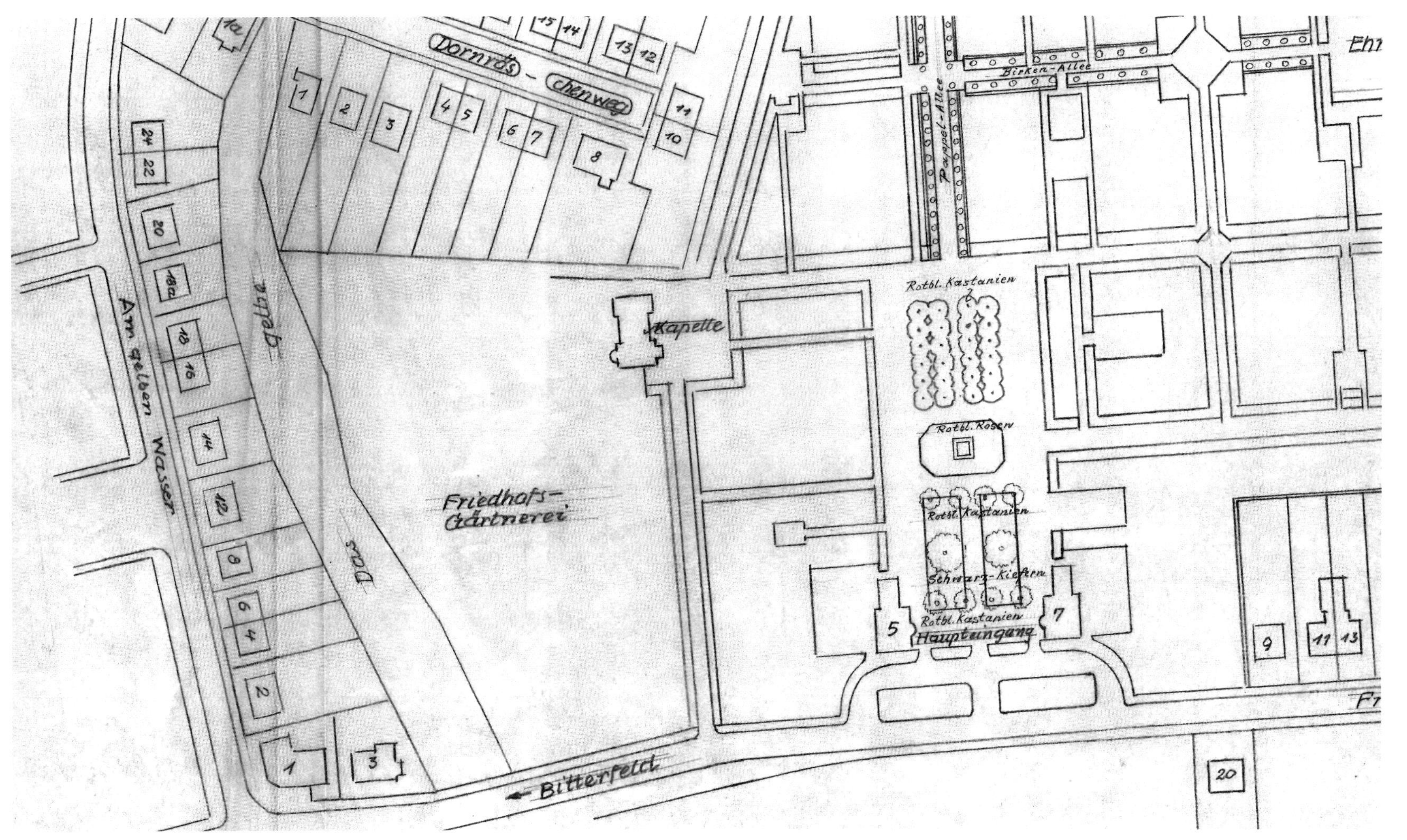

»1921/1922 nach einem Entwurf des Berliner Professors Bruno Möhring angelegter Friedhof. Eingang flankiert von zwei identisch gestalteten Putzbauten, zur Zeit als Wohnhäuser genutzt. In gleicher Art Mauer und Gitter gestaltet. Friedhofskapelle im neuromanischen Stil mit verbrettertem Giebel und hölzernem Glockentürmchen, auch hier wie bei den Wohnhäusern Arkadengang.«

aus: Denkmalverzeichnis Sachsen-Anhalt, Band 13, Landkreis Bitterfeld, erarbeitet von Sabine Oszmer, Halle 2004. – Die Zeichnung ist datiert: 14.9.1920 und von anderer Hand nachbezeichnet worden.

1924 BERLIN-LICHTERFELDE, GEMEINDEHAUS GIESENSDORF

Bauherr: Gemeinde Giesensdorf | Architekt: Bruno Möhrig und Hans Spitzner | Bauunternehmen: Carl Burchardt

Keramik: Gerhard Schliepstein, Berlin und Ernst Teichert GmbH, Meißen

1927 – 1928 BERLIN, FRIEDHOFSKAPELLE MARIENFELDE

Bauherr: Evangelische Kirchengemeinde Marienfelde | Architekten: Bruno Möhring, Hans Spitzner, Rudolf Möhring

Bauausführung: Müller & Dau | Fenster 1928: Adolph Eckhardt, Erneuerung 1985: Sigmund Hahn

Beleuchtung: Emmerich Lind | Giebelkreuz: Entwurf Georg Roch, Ausführung Carl Dörre

Die runden Glasfenster stammten von Adolph Eckhardt und wurden nach starker Beschädigung 1985 durch Entwürfe von Sigmund Hahn ersetzt.

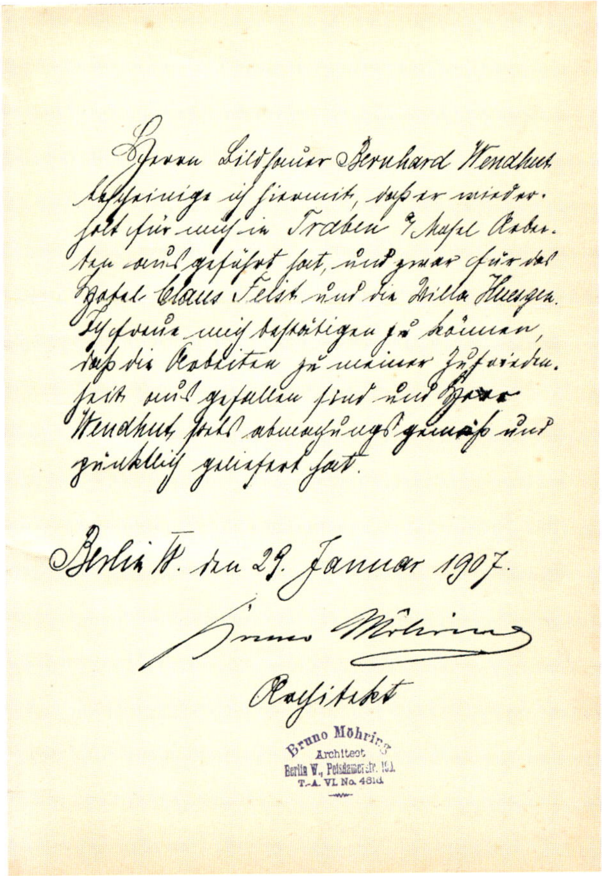

Herrn Bildhauer Bernhard Wendhut bescheinige ich hiermit, daß er wiederholt für mich in Traben/Mosel Arbeiten angefertigt hat, und zwar für das Hotel Clauss Feist und die Villa Huesgen. Ich freue mich bestätigen zu können, daß die Arbeiten zu meiner Zufriedenheit ausgefallen sind und Herr Wendhut stets abmachungsgemäß und pünktlich geliefert hat.

Berlin, den 29. Januar 1907

Bruno Möhring

Architekt

W. Haverkamp | W. Leistikow | A. Eckhardt | A. Maennchen | A. Wellisch

J. Martens | B. Taut | Ch. Abel | H. Latt | H. Hosaeus

J. Frank | J. Olbrich | M. Laeuger | O. Stichling | S. Lewerentz

MITARBEITER UND BETEILIGTE FIRMEN

MITARBEITER UND BETEILIGTE FIRMEN

Seite 162: Möhring an Bernhard Wendhut 29.1.1907 | Seite 163: Mitarbeiter

BÜRO AB 1897: BERLIN-SCHÖNEBERG, POTSDAMER STRASSE 109 (HEUTE NR. 93)

Mitarbeiter

von 1900 bis 1906:

John (Henning Gustav) Martens (1875 – 1936), Architekt, Keramiker und Büroleiter

um 1904:

Otto Karl Hermann Rahlenbeck (1874 – 1960), Architekt

1903:

Bruno Julius Florian Taut (1880 – 1938), Architekt

vor 1904:

Leo Nachtlicht (1872 – 1942), Architekt

von 1907 bis 1909:

Sigurd Lewerentz (1885 – 1975), Architekt

um 1908:

Joseph Frank (1885 – 1967), Architekt

ab 1913:

Hans Ernst Spitzner (1888 – 1956), Architekt, zuletzt Büropartner

um 1919 bis 1923:

Otto Dreyer (1897 – 1972), Architekt

außerdem

Rudolf Möhring (1897 – 1945), Architekt

Paul Plötz (1888 – 1959), Architekt

Anton Huber (1873 – 1939), Architekt

Andor Istvan Wellisch (Vécsey, 1887 – 1956), Architekt

ADOLPH ECKHARDT (1868 – 1942), GLASMALER

Glasmalerei o.J.

Glasmalerei o.J.

Geboren in Hamburg, erschien Eckhardts Name zum ersten Mal 1898 im Zusammenhang mit einem Wettbewerb der Zeitschrift »Deutsche Kunst und Dekor«. Für seine Fliesenentwürfe bekam er den dritten Preis. Nach seinem Umzug 1899 nach Berlin beteiligte er sich an mehreren Kunstausstellungen, so auch 1907 an der »Großen Berliner Kunstausstellung«. Eckhardt lebte in Wilhelmshorst bei Berlin, wo er in der Eibenstraße bis Ende der 1930er Jahre als Kunstmaler sein Atelier hatte.

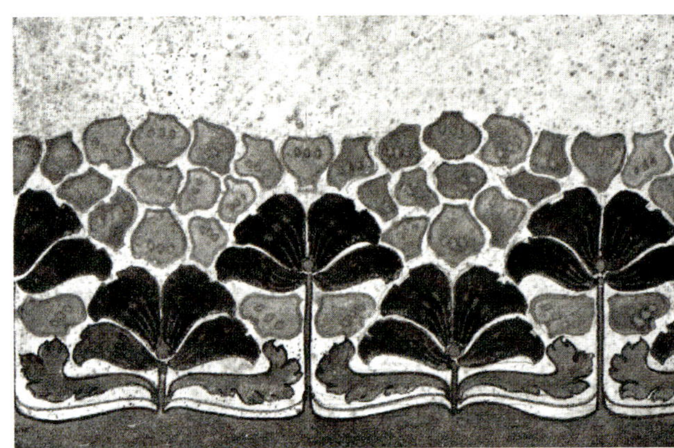

Fries in der Villa Lehmann, Brandenburg

Fries in der Villa Huesgen, Traben

HENNING JOHN GUSTAV MARTENS (1875 – 1936), ARCHITEKT UND KERAMIKER

John Martens war von 1900 bis 1906 Büroleiter und Chefarchitekt bei Bruno Möhring. Für die Gestaltung der deutschen Abteilung hatte er bei der Weltausstellung 1904 in St. Louis (Louisiana Purchase Exposition) die Verantwortung. Für Möhring entwarf Martens die keramischen Elemente am Haus Schippert (Emilienstraße 15, Berlin) und am Haus Burchardt (Ostpreußendamm 136, Berlin).

1908 machte sich Martens als Architekt und Keramiker selbständig und entwickelte frostsichere Baukeramik. 1928 gründete er die Bunzlauer Keramikwerkstatt und arbeitete später bis zu seinem Tod als freier Architekt und Bauplastiker in Pommern.

Majolika Pfeiler im Saalgebäude des Zoologischen Gartens

Portal für die Ofenfabrik Velten

GEORG ROCH (1881 – 1943), BILDHAUER

Georg Roch lernte 1900 das Bildhauerhandwerk an der Kunstakademie München. 1910 ließ er sich in Buckow nieder, wo Möhring ihm ein Atelierhaus gebaute hatte.

Georg Roch arbeitete bei vielen Bauten und Ausstellungen für Bruno Möhring. Spätere Arbeiten entstanden in Zusammenarbeit mit Hermann Feuerhahn (1873–1955).

Das Deutsche Haus in Buenos Aires 1910

Deutsche Schiffbauausstellung Berlin 1908

BERNHARD WENDHUT (1875 – 1941), STEINBILDHAUER

Bernhard Wendhut wurde 1875 in Göttingen geboren und ließ sich um 1900 in Traben in der Unteren Kaiserstraße nieder. Seine Sandsteinplastiken sind an vielen Gebäuden in Traben-Trarbach zu sehen. Wendhut starb 1941.

Erker am Hotel Clauss Feist (Bellevue), Traben

Portal am Treppenaufgang der Brücke, Trarbach

Verzierungen im Untergeschoss des Brückentors

MITWIRKENDE BEI MÖHRINGS BAUTEN

Abel, Christian (1890 – 1936), Nürnberg, Glasmaler
Nürnberg, Villa Schramm

Biese, Karl (1863 – 1926), Hamburg, Landschaftsmaler und Lithograf
Traben, Hotel Clauss Feist

Bodenstein, M.J., Dekorationsmaler
Potsdam, Villa Werner

Brasche, A., Bonn, Bildhauer
Bonn, Rheinbrücke

Braumüller, Philipp (1870 – 1926), Maler
Trarbach, Kellerei Julius Kayser; Bonn, Rheinbrücke

Emmeluth, Heinrich, Berlin, Bautischler
Berlin, Weinstube Schicke

Feuerhahn, Hermann (1873 – 1955), Berlin, Bildhauer
Burg, Bismarckturm; Berlin, Gerickesteg

Gaul, Georg August (1869 – 1921), Berlin, Bildhauer
Turin Ausstellung, St. Louis Ausstellung

Guhr, Richard (1873 – 1956), Berlin, Maler
St. Louis, Ausstellung

Haverkamp, Wilhelm (1864 – 1929), Berlin, Bildhauer
Berlin, Ausstellung

Hillmer, Victor, Berlin, Metallarbeiten
Berlin, Rheineck Apotheke; Brandenburg, Haus Lehmann

Hosaeus, Hermann Karl (1875 – 1958), Berlin, Bildhauer
Burg, Bismarckturm; Berlin, Haus Burchardt

Körnig, Arno (1870 – 1939), Berlin, Architekt
Paris, Ausstellung

Kümmel, Wilhelm, Berlin, Möbel- und Textilwaren
Traben, Haus Huesgen; Potsdam, Villa Werner; Turin, Ausstellung

Laeuger, Joseph Maximilian (1864 – 1952), Lörrach
Brandenburg, Haus Lehmann

Latt, Hans (1859 – 1946), Berlin, Bildhauer
Trarbach, Kellerei Kayser

Lauermann, Albert (1866 – 1953), Stuckfabrik Detmold
St. Louis, Ausstellung

Lehmann-Leonard, Wilhelm (1877 – 1954), Landshut, Maler
Berlin, Weinstube Schicke

Lestikow, Walter (1865 – 1908), Berlin, Maler
Turin, Ausstellung

Lind, Emmerich, Werkstätten für Kunst und Kunstgewerbe
Berlin, Friedhofskapelle Marienfelde

Maennchen, Albert (1873–1935), Berlin, Maler
Paris, Ausstellung; Turin, Ausstellung; St. Louis, Ausstellung

Müller-Schönfeld, Wilhelm (1867–1944), Malchin, Maler
Brandenburg, Haus Lehmann

Olbrich, Joseph Maria (1867–1908), Düsseldorf, Architekt
Traben, Hotel Clauss Feist

Puls, Eduard (1841–1910), Berlin, Bauschlosserei
Potsdam, Villa Werner

Raabe, Gebrüder Carl, Berlin, Holzwaren
Berlin, Rheineck Apotheke

Riegelmann, Gotthold (1864–1939), Berlin, Bildhauer
Bonn, Rheinbrücke

Richter, Max, Berlin, Tischler
Berlin, Weinstube Schicke

Schilling, Carl (1876–1939), Berlin, Steinmetz
Berlin, Bahnhof Bülowstraße

Schirmer, Robert (1850–1923), Berlin, Bildhauer
Berlin, Ausstellung

Schliepstein, Gerhard (1886–1963), Berlin, Bildhauer
Berlin, Pfarrheim Giesensdorf

Schmarje, Walter (1872–1921), Berlin, Bildhauer
Berlin, Ausstellung

Schultz, Otto, Berlin, Kunstschmied, (Tezett Gitterwerk)
Berlin, Swinemünder Brücke

Stichling, Otto (1866–1912), Berlin, Bildhauer
Brandenburg, Haus Lehmann

Ernst Teichert – Werke, GmbH, Meißen, Porzellan und Keramik,
Burg, Bismarckturm; Berlin, Gemeindehaus Giesensdorf

Thierichens, Friedrich, Möbelfabrik Berlin
Potsdam, Villa Werner

Unger, August (1869–1945), Berlin, Maler
Berlin, Rathaus Nikolassee

Wille, Fia (1868–1920), Berlin, Innenarchitektin
Turin, Ausstellung

Ziegler, Heinrich, Wesel, Bauunternehmen
Oberhausen, Siedlungen für die Gutehoffnungshütte; Duisburg, Aakerfährbrücke

Auf der Weltausstellung in St. Louis sind die Fabrikate der Firma Alb. Lauermann G. m. b. H., Etablissement für Bildhauerarbeiten und Stuckausführung in Detmold, mit der goldenen und silbernen Medaille ausgezeichnet worden.

Berliner Architekturwelt 7, 1905

QUELLEN- UND FOTONACHWEIS

Durchgehend benutzt wurden

Bücholdt, Ulrich: Bruno Möhring (1863 – 1929). Vom Brückenmännchen zum Städtebau. – http://www.kmkbuecholdt.de/historisches/personen/Moehrin1.htm

Berliner Architekturwelt. Zeitschrift für Baukunst, Malerei, Plastik und Kunstgewerbe der Gegenwart, Berlin 1899–1919

Wagemann, Ines Gesine: Der Architekt Bruno Möhring 1863–1929. Witterschlick/Bonn 1992

Fabarius, Hans W./Wurdak, Dieter/Petermann, Godwin T.: Bruno Möhring. Architect. Baukünstler – Designer – Stadtplaner. Arbeitskreis Historisches Marienfelde, Berlin 2004/2019

Dehio, Georg: Handbuch der Deutschen Kunstdenkmäler: Berlin. München 1994/2006

Nicht alle Daten konnten quellenkritisch endgültig abgesichert werden.

Vita

Thieme-Becker (Thieme, Ulrich/Becker, Felix), Allgemeines Lexikon der bildenden Künstler, Band 25, Leipzig 1931

Holthaus, Katrin: Architekturführer Zeche Zollern 2/4. Landschaftsverband Westfalen-Lippe, Dortmund 2004

Patenschaftsbüro der Stadtgemeinschaft Königsberg, Museum Stadt Königsberg, Duisburg – Archiv Historischer Arbeitskreis Berlin-Marienfelde

Denkmale in Berlin. Bezirk Tempelhof-Schöneberg: Ortsteile Tempelhof, Mariendorf, Marienfelde und Lichtenrade. Imhof Verlag, Petersberg 2007

Bildmaterial: »Straßenecke in Pompeji«, Aquarell 25,3 x 13,6 cm, signiert u.r. Bruno Möhring, o.J., »Interieur«, Aquarell, u.r. BM 89, Berlinische Galerie, Berlin

Stadtmuseum Leipzig, Exlibris La 6

Peter C. Theis, Berlin 2019 – Godwin T. Petermann, Berlin 2020 – Rosemarie Porada, Berlin 2021

Ausstellungsbeteiligungen

1896 Berlin, Berliner Gewerbeausstellung

Offizieller Haupt-Katalog, Verlag Rudolf Mosse, Berlin 1896 – Die Gartenlaube, Illustriertes Familienblatt 1897

1900 Paris, 5. Pariser Weltausstellung

Zentralblatt der Bauverwaltung 1899 – Berliner Architekturwelt 2.1900 – L'art dècoratif, Revue d'art contemporain, Paris 1900 – Adressbuch für Berlin und seine Vororte 1901 – Fotos S. 27: restaurant-kupferberg.de

1902 Turin, 1. Internationale Ausstellung für moderne dekorative Kunst

Pica, Vittorio: L'arte decorativa all'espositione di torino del 1902, Bergamo 1903

1902 Düsseldorf, Rheinisch-Westfälische Industrie-, Gewerbe- und Kunstausstellung

Deutsche Bauzeitung 36.1902 – Wasmuths Monatshefte für Baukunst, Berlin 1903 – Stoffers, G.: Die Industrie- und Gewerbe-Ausstellung 1902, Verlag August Bagel Düsseldorf 1903 – Mexico City, architecture and design, teNeues, Kempen 2007 – Amt für Denkmalschutz und Denkmalpflege Stadt Köln, 2019 – Foto S. 30 l.: ©Luis Alvaz /CC BY-SA 4.0, Foto S. 30 r.: ©ProtoplasmaKid / CC BY-SA 3.0

1904 St. Louis (USA), Internationale Weltausstellung

Der Baumeister, Monatshefte für Architektur und Baupraxis, Berlin 1903 – International Exhibition St. Louis 1904, Offical Catalogue, Berlin 1904 – The greatest of expositions, Katalog St. Louis 1904 – Nachticht, Leo: Deutsches Kunstgewerbe St. Louis 1904, Berlin 1904 – Berliner Architekturwelt 7, 1905: Stuckfabrik Albert Lauermann, Detmold

1906 Dresden, Dritte Deutsche Kunstgewerbeausstellung

Berliner Architekturwelt 8.1906 – Kunstgewerbeblatt 18.Jg., 1907

1907 Berlin, Große Berliner Kunstausstellung

Berliner Architekturwelt 1907

1908 Berlin, Deutsche Schiffbau-Ausstellung

Berliner Architekturwelt 11.1909

1908 Sankt Petersburg (RUS), Kunstgewerbeausstellung

Berliner Architekturwelt 11.1909 – Jenaische Zeitung 15. August 1907 – Ann T. Walton: The International Decorative Arts Exhibition in St. Petersburg 1908, University of Minnesota 2009

1910 Buenos Aires (Argentinien), Internationale Eisenbahn- und Verkehrsmittelausstellung

Deutsche Bauzeitung 1910

1910 Berlin, II. Ton-, Zement- und Kalkindustrie-Ausstellung

Berliner Architekturwelt 13.1911

Ingenieurbauten

Mehrtens, G.: Der Brückenbau im XIX. Jahrhundert »Die Brückenbauabteilung der Gutehoffnungshütte«, Sterkrade 1900 – Holthaus, Katrin: Architekturführer Zeche Zollern 2/4, Landschaftsverband Westfalen-Lippe, Dortmund 2004 – albert-gieseler.de, Mannheim 2009

Brücken

1896 Brücke über den Rhein zwischen Bonn und Beuel

Die Bonner Rheinbrücke, Festschrift zur Eröffnungsfeier am 17. Dezember 1898, Stadt Bonn 1898 – Zentralblatt der Bauverwaltung 1898 – Virtuelles Brückenhofmuseum, Königswinter – Universitäts- und Landesbibliothek Bonn – Archiv Jochen Niedersberg, Traben-Trarbach

1898/99 Brücke über die Mosel zwischen Trarbach und Traben

Trarbach-Trabener Zeitung, Jahrgänge 1895–905 – Zentralblatt der Bauverwaltung, Berlin 1898, 1899 – Architektonische Charakterbilder, Verlag Carl Ebner, Stuttgart 1900–1902 – Freckmann, Klaus: Bruno Möhrings Jugendstilbauten in Traben-Trarbach an der Mosel, in: Rheinische Heimatpflege, Heft 3, Köln 1973 – Imiela, Hans-Jürgen: Denkmalschutz und Denkmalpflege in Rheinland-Pfalz. Speyer 1976 – Böse, Günther/ Flach, Dietmar: Traben-Trarbach, Geschichte einer Doppelstadt, Traben-Trarbach 1984 – Wagemann, Ines Gesine: Jugendstil in Traben-Trarbach, Neuss 1988 – Stadträumliche Untersuchung zur Sanierung, Gestaltung und Erweiterung der Moselbrücke in Traben-Trarbach im Zuge der B 53, Zwischenbericht 1995. AS&P Albert Speer & Partner GmbH, Frankfurt 1995 – Westermann, Willi: Das Trabener Brückenhäuschen, Das Blaue Blatt Ausgabe 30, 2003 – Friedhoff, Jens/Wagner, Olaf: Romantik und Historismus an der Mosel. Freundeskreis Bleidenberg, Imhof Verlag, Petersberg 2009 – Vohland, Sunniva: Restauratorische Untersuchung und Konzeptentwicklung, Traben-Trarbach 2019 – Archiv Frank Schober, Serrig – Archiv Hans Schneiß, Irmenach – Archiv Jochen Niedersberg, Traben-Trarbach – Bildmaterial: Uwe Welz, Kaiserslautern 2009 – Heidrun Bernitt, Bernkastel-Kues 2020

1902 Berlin – Gesundbrunnen, Swinemünder Brücke

Landesdenkmalamt Berlin 09030442 – Berliner Architekturwelt 8.1906 – Archiv Jochen Niedersberg, Traben-Trarbach – Archiv Heidrun Bernitt, Bernkastel-Kues – Archiv Berlinische Galerie, Berlin – Bildmaterial:– Peter C. Theis, Berlin 2019

1902 Aakerfährbrücke über die Ruhr bei Duisburg

Stadtarchiv Duisburg – Landesverband Rheinland, »Aus dem Rheinischen Amt für Denkmalpflege« Nr. 2,1992 Archiv Jochen Niedersberg, Traben-Trarbach – Archiv Heidrun Bernitt, Bernkastel-Kues

1910 Brücke über die Elbe bei Schönebeck

Zentralblatt der Bauverwaltung 1911 – Stadtarchiv Schönebeck – albert-gieseler.de, Mannheim 2009 – Archiv Harald Bahr von Ehrenberg, Schönebeck – Bildmaterial: Stadtarchiv Schönebeck – Mathias Hille, Schönebeck – Elbufer Förderverein, Schönebeck

1913 Berlin – Moabit, Bellevue Steg, heute Gerickesteg

Landesdenkmalamt Berlin 09050374 – Zentralblatt der Bauverwaltung 65.1915 – Berliner Architekturwelt 18.1916, 1.1917 – Archiv Heidrun Bernitt, Bernkastel-Kues – Bildmaterial: Peter C. Theis, Berlin 2019

Bahnhöfe

1899 Wuppertal, Schwebebahn Bahnhof Döppersberg

Zentralblatt der Bauverwaltung 1898 und 1899 – Stadtarchiv Wuppertal – Archiv Jochen Niedersberg, Traben-Trarbach

1900 Berlin – Schöneberg, Hochbahn Bahnhof Bülowstraße

Landesdenkmalamt Berlin 09050374 – Architektonische Charakterbilder 1900, Verlag Carl Ebner, Stuttgart 1900–1902 – Berliner Architekturwelt 1916 – Zentralblatt der Bauverwaltung 1901 – Schliepmann, Hans: Die Berliner Hochbahn als Kunstwerk. Berlin 1901 – www.u-bahn-archiv.de – Archiv Heidrun Bernitt, Bernkastel-Kues – Bildmaterial: Peter C. Theis, Berlin 2019

Maschinenhalle

1902 Dortmund, Zeche Zollern II/IV, Grubenweg 5

Denkmalliste der Stadt Dortmund A0373 – Holthaus, Katrin: Architekturführer Zeche Zollern 2/4. Landesverband Westfalen-Lippe, Dortmund 2004 – Ein Schloss der Arbeit. Vorläufiger Führer über die Zeche Zollern II/IV. Landesverband Westfalen-Lippe, Dortmund 1997 – Parent, Thomas: Von der Schönheit der Eisenkonstruktion. Klartext Verlag Essen 2013 – Bildmaterial: Westfälisches Industriemuseum Dortmund, Landesverband Westfalen-Lippe 2018

Villen und Häuser

1894 Berlin-Baumschulenweg, Ernststraße 5

Foto: © Harald Rossa/ CC BY-SA 2.5

1896 Berlin-Schöneberg, Pallasstraße 8–12

Foto: © Jörg Zägel/ CC BY-SA 3.0

1900 Traben, Schwanenstraße 1

Datenbank der Kulturgüter in der Region Trier 15197

1900 Traben, Marktplatz 6

Datenbank der Kulturgüter in der Region Trier 15200 – Archiv Hans Schneiß, Irmenach

1901 Brandenburg, Haus Lehmann, Plauer Straße 6

Brandenburgisches Landesamt für Denkmalpflege 09145388 – Berliner Architekturwelt 5.1903, 6.1904 – Archiv Heidrun Bernitt, Bernkastel-Kues – Bildmaterial: Stefan Melchior/Dr. Krekeler Generalplaner, Brandenburg 2006

1904 Traben, Villa Huesgen, An der Mosel 46

Datenbank der Kulturgüter in der Region Trier 15194 – Generaldirektion Kulturelles Erbe, Mainz o.J. – Deutsche Bauzeitung 1906 – Freckmann, Klaus: Bruno Möhrings Jugendstilbauten in Traben-Trarbach an der Mosel, in: Rheinische Heimatpflege, Heft 3, Köln 1973 – Böse, Günther Flach, Dietmar: Traben-Trarbach, Geschichte einer Doppelstadt. Traben-Trarbach 1984 – Freckmann, Klaus: Das Bürgerhaus in Trier und an der Mosel. Tübingen 1984 – Wagemann, Ines Gesine: Jugendstil in Traben-Trarbach. Neuss 1988 – Jugendstil in Traben-Trarbach. Traben-Trarbach Aktiv eV, o.J. – Archiv Hans Schneiß, Irmenach – Bildmaterial : Heidrun Bernitt, Bernkastel-Kues 2019, S. 78: Arne Houben

1904 Berlin-Marienfelde, Haus Möhring, Parallelstraße 7/8 (heute Bruno-Möhring-Straße 14 b)

Landesdenkmalamt Berlin 09075153 – Katalog 3. Deutsche Kunstgewerbeausstellung Dresden 1906 – Berliner Architekturwelt 8.1906 – Denkmale in Berlin. Bezirk Tempelhof-Schöneberg, Ortsteile Tempelhof, Mariendorf, Marienfelde und Lichtenrade. Imhof Verlag, Petersberg 2007 – Bösel, Peter-Alexander: Mein Marienfelde. Erfurt 2011 – Archiv Heidrun Bernitt, Bernkastel-Kues – Bildmaterial: Peter-Alexander Bösel, Berlin 2011 – Peter C. Theis, Berlin 2019 – Rosemarie Porada 2021

1905 Potsdam-Klein Glienicke, Villa Werner, Griebnitzstraße 3

Architektonische Charakterbilder 1900, Verlag Carl Ebner, Stuttgart 1900–1902 – Berliner Architekturwelt 10.1908 – Limberg, Jörg: Potsdam, Ein Ort der Moderne? Architekten und ihre Bauten im ersten Drittel des 20. Jahrhunderts, Potsdam 1997

QUELLEN- UND FOTONACHWEIS

1905 Eifel, Jagdhaus Seith (Entwurf)

Deutsche Bauzeitung Nr. 94, 1905

1906 Schreiberhau (Szklarska Poreba, PL), Villa Koeppen, Hermann-Hendrich-Weg (ul. Muzealna 2)

Nationales Institut für Kulturerbe, Dr. Grzegorz Grajewski, Breslau (PL) 2021 – https://fotopolska.eu – Beate Störtkuhl: Bauernhaus und Turmvilla. Zur Architektur im Riesengebirge, in: Die imposante Landschaft, Künstler und Künstlerkolonien im Riesengebirge im 20. Jahrhundert, Berlin und Hirschberg 1999 – Bildmaterial: Manfred Kleinert, Niesetal 2017

1905 Traben, Villa Breucker, An der Mosel 7

Datenbank der Kulturgüter in der Region Trier 1895 – Generaldirektion Kulturelles Erbe Rheinland-Pfalz, Mainz o.J. – Architektonische Charakterbilder 1900, Verlag Carl Ebner, Stuttgart 1900–1902 – Freckmann, Klaus: Bruno Möhrings Jugendstilbauten in Traben-Trarbach an der Mosel, in: Rheinische Heimatpflege, Heft 3, Köln 1973 — Freckmann, Klaus: Das Bürgerhaus in Trier und an der Mosel, Tübingen 1984. – Böse, Günther/Flach, Dietmar: Traben-Trarbach, Geschichte einer Doppelstadt. Traben-Trarbach 1984 – Wagemann, Ines Gesine: Jugendstil in Traben-Trarbach. Neuss 1988 – Jugendstil in Traben-Trarbach. Traben-Trarbach Aktiv eV o.J. – Bildmaterial : Heidrun Bernitt, Bernkastel-Kues 2018, 2020

1906 Lösnich, Winzervilla Peter Jacoby, Gestade 15

Datenbank der Kulturgüter in der Region Trier 15243 – loesnich.de 2020 – Bildmaterial: Heidrun Bernitt, Bernkastel-Kues 2020

1907 Berlin-Nikolassee, Teutonenstraße 20

Landesdenkmalamt Berlin 09075281 – Berliner Architekturwelt 13.1911

1908 Großhansdorf, Villa Carl Möhring (heute E.-S. Louis), **Bei den Rauen Bergen 29**

Berliner Architekturwelt 1911 – Klapheck, Richard: Moderne Villen und Landhäuser, Berlin 1913 – Der Waldreiter, Heimatverein Großhansdorf-Schmalenbeck 1958, 1993, 2014 – Buck, Regina Ute: Ach ja, Schmalenbeck. Schwarzenbek 2007

1910 Buckow, Eiserne Villa (BrechtWeigelHaus), Bertolt-Brecht-Straße 30

Brandenburgisches Landesamt für Denkmalpflege 09180383 – Brademann, Margret: Baugeschichte der »Eisernen Villa« in Buckow. Landkreis Märkisch-Oderland, Buckow 1994 – Fischer, Bernd: Brecht und Weigel in Buckow, Edition A B Fischer, Berlin 2011 – Bildmaterial: www.brechtweigelhaus.de, S. 92: © A.Savin/CC BY-SA 3.0

1910 Stettin (Szczecin, PL), Haus Dr. Carl Ossent, Schallehnstrasse 22 (ul. Pionierów Szcecinskich 14)

Klapheck, Richard: Moderne Villen und Landhäuser, Berlin 1913 – Berliner Architekturwelt 16.1914 – Bildmaterial: Manfried Bauer, Stettin 2020

1911 Berlin-Marienfelde, Villa Schicke, Parallelstraße 8/9 (heute Bruno-Möhring Straße 16)

Berliner Architekturwelt 2.1900, 14.1912 – Klapheck, Richard: Moderne Villen und Landhäuser, Berlin 1913 – Bösel, Peter-Alexander: Mein Marienfelde, Erfurt 2011 – Bildmaterial: Peter-Alexander Bösel, Berlin 2011

1911 Nürnberg, Villa Schramm, Virchowstraße 15

Berliner Architekturwelt 14.1912 – nordbayern.de: Glanz und Elend der Fabrikherren, gesendet am 16. August 2010 – Bildmaterial : Archiv Sebastian Gulden, Nürnberg, 2021

1914 Berlin-Lichterfelde, Haus Burchardt, Berliner Straße 135 (heute Ostpreußendamm 136)

Landesdenkmalamt Berlin 09066017 – Wasmuths Monatshefte für Baukunst, Berlin 1921

1914 Berlin-Marienfelde, Haus Schippert, Emilienstraße 29/30 (heute 15)

Landesdenkmalamt Berlin 09075160 – Denkmale in Berlin. Bezirk Tempelhof-Schöneberg: Ortsteile Tempelhof, Mariendorf, Marienfelde und Lichtenrade, Imhof Verlag, Petersberg 2007 – Bösel, Peter-Alexander: Mein Marienfelde, Erfurt 2011

1924 Berlin-Lichterfelde, Paulinenstraße 14

Landesdenkmalamt Berlin 09066045

1924 Berlin-Weissensee, Gartenstraße 30–34

Foto: © Sebastian Wallroth/CC BY 3.0

1925 Berlin-Lichterfelde, Ostpreussendamm 153

Foto: © Harald Rossa/CC BY-SA 2.5

1926 Berlin-Neukölln, Sonnenallee 191–199

Foto: © Frank Schubert/CC BY-SA 4.0

1928 Berlin-Wedding, Ostender Straße 13–24

Foto: © Peter Kuley/CC BY-SA 3.0

Siedlungsbauten

1894 Berlin-Baumschulenweg, Ernststraße 5

Landesdenkmalamt Berlin 09020331

1896 Berlin-Schöneberg, Pallasstraße 8-12

Landesdenkmalamt Berlin 09066653 – Berliner Architekturwelt 1.1899

1909 Groß-Berlin (Wettbewerb)

Erläuterungsbericht, Berlin 1909, Archiv Historischer Arbeitskreis Marienfelde, Berlin – Berliner Architekturwelt 13.1911 – Architekturmuseum TU Berlin

1910–1923 Oberhausen, Siedlungen für die Gutehoffnungshütte

Berliner Architekturwelt 16.1914 – Lehwess, Walter: Wohlfahrtsbauten und Beamtenhäuser der GHH in Oberhausen, Berliner Architekturwelt 1914 – Ostdeutsche Bauzeitung, 16. Jahrgang, 1918, Verlag Paul Steinke, Breslau 1918 – Günter, Roland: Vondern – Baukultur als Geschichte und Perspektive. Festschrift »111 Jahre Siedlung Vondern«, Oberhausen 2017 – Bildmaterial: Untere Denkmalbehörde Oberhausen – Sterkrade 2019 – Landschaftsverband Rheinland, Amt für Denkmalpflege, Pulheim 2020

1912 Berlin-Tempelhof, Dreibundstraße (heute Dudenstraße 9), **Berliner Straße** (heute Tempelhofer Damm 2), **Hohenzollernkorso** (heute Manfred von Richthofen Straße 2), **Kaiserkorso 155**

Landesamt für Denkmalpflege Berlin 0907504 – Berliner Architekturwelt 16.1914 – Groß, Henry: Über runde Ecken im Stadtbilde. Berliner Architekturwelt 16, 1914 – Denkmale in Berlin. Bezirk Tempelhof-Schöneberg, Ortsteile Tempelhof, Mariendorf, Marienfelde und Lichtenrade. Imhof Verlag, Petersberg 2007 – Bildmaterial: Peter C. Theis, Berlin 2019

1918 Lauchhammer, Grundhof-Siedlung

Brandenburgisches Landesamt für Denkmalpflege 0912027 – Archiv Kultur- und Heimatverein Lauchhammer e.V. – Heimatkalender für den Kreis Liebenwerda 1920 – Stadt Lauchhammer: Die Grundhofsiedlung, Lauchhammer 2012

1922 »Stadtbaukunst – alter und neuer Zeit«, Zeitschrift

Verlag der Zirkel, Berlin 1922

1924 Berlin-Weissensee, Gartenstraße 30–34

Landesdenkmalamt Berlin 09040345

1925 Berlin-Lichterfelde, Berliner Straße (heute Ostpreußendamm 153)

Landesdenkmalamt Berlin 09066019

1926 Berlin-Neukölln, Sonnenallee 191, 193, 195, 197, 199

Landesdenkmalamt Berlin 09090449

1928 Berlin-Wedding, Brüsseler Kiez, Ostender Straße 13–24

Landesdenkmalamt Berlin 09030310

Öffentliche und gewerblich genutzte Bauten

1901 Traben, Hotel Clauss Feist (heute Romantik Jugendstilhotel Bellevue), **An der Mosel 11**

Generaldirektion Kulturelles Erbe Rheinland-Pfalz, Mainz o.J. – Datenbank der Kulturgüter in der Region Trier 14634 – Berliner Architekturwelt 5.1902 – Freckmann, Klaus: Bruno Möhrings Jugendstilbauten in Traben-Trarbach an der Mosel, in: Rheinische Heimatpflege, Heft 3, Köln 1973 – Imiela, Hans-Jürgen: Denkmalschutz und Denkmalpflege in Rheinland-Pfalz, Speyer 1976 – Böse, Günther/Flach, Dietmar: Traben-Trarbach, Geschichte einer Doppelstadt, Traben-Trarbach 1984 – Wagemann, Ines Gesine: Jugendstil in Traben-Trarbach, Neuss 1988 – »Größte Sektflasche der Mosel neu verkorkt«, Mosel Hunsrück aktuell, Ausgabe 1/2003 – Jugendstil in Traben-Trarbach, Traben-Trarbach Aktiv o.J. – Archiv Hans Schneiß, Irmenach – Bildmaterial: Heidrun Bernitt, Bernkastel-Kues 2018, 2021, S. 129: Arne Houben

1906 Mildenau (Milowice, PL), Gut Mildenau

Große Berliner Kunstausstellung Berlin, Katalog 1906 – Berliner Architekturwelt 9.1907 – Tagebuch Gertrud Frenzel (letzte Besitzerin): Eintrag vom 2. November 1929 – Seeger, Joachim/Kubach, Hans Erich: Kunstdenkmäler des Kreises Sorau und der Stadt Forst, Deutscher Kunstverlag Berlin 1939 – Götz Freiherr von Houwald: Die Niederlausitzer Rittergüter und ihre Besitzer, Bd.II Kreis Sorau, Neustadt an der Aisch 1981 – Nationales Institut für Kulturerbe, Dr. Grzegorz Grajewski, Breslau (PL) 2021 – Edward Zys, Zary – Bildmaterial : dps-milowice.pl 2020

1906 Trarbach, Kellerei Julius Kayser (heute Buddha-Museum)**, Wolfer Weg 12**

Datenbank der Kulturgüter in der Region Trier 14640 – Deutsche Bauzeitung 44.1910 – Berliner Architekturwelt 14.1911 – Freckmann, Klaus: Bruno Möhrings Jugendstilbauten in Traben-Trarbach an der Mosel, in: Rheinische Heimatpflege, Heft 3, Köln 1973 – Böse, Günther / Flach, Dietmar: Traben-Trarbach, Geschichte einer Doppelstadt, Traben-Trarbach 1984. – Wagemann, Ines Gesine: Jugendstil in Traben-Trarbach, Neuss 1988 – Pohler, Susanne: Zur Geschichte der Kellereigebäude Julius Kayser und Adolph Huesgen, Mosel-Hunsrück aktuell, Ausgabe 9/1999 – Jugendstil in Traben-Trarbach, Traben-Trarbach Aktiv eV o.J. – Archiv Hans Schneiß Irmenach – Bildmaterial: Heidrun Bernitt, Bernkastel-Kues 2018

1906 Trarbach, Kur- und Logierhaus Wildstein (heute Ayurveda Parkschlösschen) und **Felsenquelle, Wildbadstraße 201**

Generaldirektion Kulturelles Erbe Rheinland-Pfalz, Mainz o.J. – Datenbank der Kulturgüter in der Region Trier 14886 – Berliner Architekturwelt 11.1909 – Malkowsky, Georg: Die Mosel von Coblenz bis Trier, Verlag der gesellschaft zur Verbreitung klassischer Kunst, Berlin 1910 – Freckmann, Klaus: Bruno Möhrings Jugendstilbauten in Traben-Trarbach an der Mosel, in: Rheinische Heimatpflege, Heft 3, Köln 1973 – Freckmann, Klaus: Das Bürgerhaus in Trier und an der Mosel, Tübingen 1984 – Wagemann, Ines Gesine: Jugendstil in Traben-Trarbach, Neuss 1988 – Jugendstil in Traben-Trarbach, Traben-Trarbach Aktiv eV o.J. – Archiv Hans Schneiß, Irmenach – Bildmaterial: Heidrun Bernitt, Bernkastel-Kues 2018

1908 Striegau (Strzegom, PL), Präparandenanstalt und Turnhalle, Jauerstraße

Deutsche Bauzeitung 44.1910 – Architektonische Rundschau Jahrgang 24.1908, Verlag Engelhorn, Stuttgart 1908 – Nationales Institut für Kulturerbe, Dr. Grzegorz Grajewski, Breslau (PL) 2021 – www.obc.opole.pl 2021 – Bildmaterial: Archiv Gudrun Streubel, Nerchau

1908 Berlin-Steglitz, Rheineck Apotheke, Rheinstraße 40

Landesdenkmalamt Berlin 09065595 – Berliner Architekturwelt 12.1910 – Bildmaterial: Helmut Grünewald, Berlin 2021

1912 Berlin-Nikolassee, Rathaus Nikolassee, Hohenzollernplatz 5

Landesdenkmalamt Berlin 09075211 – Heimatverein Zehlendorf, Zehlendorfer Heimatbrief Nr. 1, Berlin 2010 – Archiv Heidrun Bernitt, Bernkastel-Kues – Bildmaterial: Peter C. Theis, Berlin 2919

1913 Washington (USA), Deutsche Botschaft (Entwurf)

Berliner Architekturwelt 16.1914

1913 Burg (Spreewald), Bismarckturm, Byhleguhrer Straße

Brandenburgisches Landesamt für Denkmalpflege 09125059 – Zentralblatt der Bauverwaltung 37.1917 – Touristikinformation Burg im Spreewald – Louisenhof-Burg.de/Ausflugsziele, Zossen 2020 – bismarcktuerme.de – Bildmaterial: S. 143: © Heribert Duling/CC BY-SA 3.0, S. 144: © Muck/CC BY-SA 3.0

1916 Möwenort (Rasino, RUS), Gasthaus Carl Lappöhn, Am Großen Friedrichsgraben

Ostdeutsche Bau-Zeitung 16.Jg, 1918, Verlag Paul Steinke, Breslau 1918 – www.obc.opole.pl 2020 – Bildmaterial: Bildarchiv-Ostpreussen.de – Manfred Höhne, ostpreussen.net. – Brigitte Stramm, St. Michaelisdonn

QUELLEN- UND FOTONACHWEIS

1919 Trarbach, Kriegerdenkmal (Entwurf)

Freckmann, Klaus: Bruno Möhrings Jugendstilbauten in Traben-Trarbach an der Mosel, in: Rheinische Heimatpflege, Heft 3, Köln1973 – Bildmaterial: Archiv Jochen Niedersberg, Traben-Trarbach

1921 Berlin, Kemperplatz (Entwurf)

Deutsche Bauzeitung 55.1921 – Architekturmuseum TU Berlin

1927 Neu-Bentschen (Zbaszynek, PL), **Wasserturm**

Der Baumeister, 24.1926 – Zentralblatt der Bauverwaltung 51.1931 – Politechnika Slaska, Gliwice, PL – fotopolska.eu 2021 – Heimatkreis Wollstein e.V., Bad Bevensen – Provinzamt für Denkmalschutz, Zielina Góra, PL

Sakralbauten

1905 Traben, Grabmal Oskar Haussmann

Freckmann, Klaus: Bruno Möhrings Jugendstilbauten in Traben-Trarbach an der Mosel, in: Rheinische Heimatpflege, Heft 3, Köln 1973 – Wagemann, Ines: Jugendstil in Traben-Trarbach, Neuss 1988 – wikipedia.org/Otto Stichling

1920 Berlin-Marienfelde, Dorfkirche Marienfelde, Dorfstraße (heute Alt-Marienfelde)
Landesdenkmalamt Berlin 09066014 – Denkmale in Berlin. Bezirk Tempelhof-Schöneberg: Ortsteile Tempelhof, Mariendorf, Marienfelde und Lichtenrade, Imhof Verlag, Petersberg 2007 – Bösel, Peter-Alexander: Mein Marienfelde, Erfurt 2011

1921 Bitterfeld, Friedhofsanlage, Friedensstraße 45

Kulturdenkmale in Bitterfeld-Wolfen 09495318 – Denkmalverzeichnis Sachsen-Anhalt, Band 13, Landkreis Bitterfeld, Halle 2004 – Stadtarchiv Bitterfeld-Wolfen – Bildmaterial: Landesamt für Denkmalpflege und Archäologie Sachsen-Anhalt, Halle 2021

1924 Berlin-Lichterfelde, Gemeindehaus Giesensdorf, Berliner Straße 63 (heute Ostpreußendamm 131)
Landesdenkmalamt Berlin 09066014 – Lüdtke, Torsten: Die Geschichte des Gemeindehauses am Ostpreußendamm. Berlin 2017 – Bildmaterial: Evangelische Kirchengemeinde Petrus-Giesensdorf, Berlin 2017

1927 Berlin-Marienfelde, Friedhofskapelle, Berliner Straße (heute Marienfelder Allee 127)
Landesdenkmalamt Berlin 09075163 – Denkmale in Berlin. Bezirk Tempelhof-Schöneberg, Ortsteile Tempelhof, Mariendorf, Marienfelde und Lichtenrade. Imhof Verlag, Petersberg 2007 – Bildmaterial: Peter C. Theis, Berlin 2019 – Godwin T. Petermann, Berlin 2021

Mitarbeiter und beteiligte Firmen

Büro ab 1897

Archiv Historischer Arbeitskreis Marienfelde, Berlin-Marienfelde

Adolph Eckhardt

Berliner Architekturwelt 1902, 1903, 1906, 1907, 1911, 1912, 1915 – Anzeiger für Architektur, Kunsthandwerk und Bauindustrie, Verlag der Blätter für Architektur und Kunsthandwerk, Berlin 1910 – Ziehr, Antje: Adolph Eckhardt (1868 – nach 1942), Wilhelmshorst 2007 – Märkische-Allgemeine, Potsdam 2018 – Freunde und Förderer der Wilhelmshorster Ortsgeschichte e.V., Rainer Paetau 2020

John Martens

Berliner Architekturwelt 13.1911, 14.1912, 1918 – Berlinische Galerie, Berlin

Georg Roch

Berliner Architekturwelt 11.1909, 14.1912 – Brademann, Margret: Baugeschichte der »Eisernen Villa« in Buckow, Landkreis Märkisch-Oderland, Buckow 1994 – Fischer, Bernd: Brecht und Weigel in Buckow, Edition A B Fischer, Berlin 2011

Bernhard Wendhut

Friedhoff, Jens/Wagner, Olaf: Romantik und Historismus an der Mosel, Freundeskreis Bleidenberg, Petersberg 2009 – Bildmaterial: Uwe Welz Kaiserslautern 2009 – Heidrun Bernitt, Bernkastel-Kues 2020

Mitwirkende und beteiligte Firmen

Auskunft erteilten: Berlin-Brandenburgisches Wirtschaftsarchiv, Berlin – Untere Denkmalbehörde, Oberhausen-Sterkrade – insula rugia e.V. Rügen – Prof. Lauermann Design GmbH, Detmold – Tilman Ziegler, Friedland – Uta Troyke, Nürnberg – www.berlin.de 2021 – de.m.wikipedia.org 2021